説得力が劇的に上がる

法務の文書・資料作成術！

一郎 編著

学陽書房

は じ め に

　法務の重要スキルは「文書・資料作成」です。契約書や稟議書のような堅苦しい文書には堅苦しい文書なりの、チャットや LINE など気楽な文書には気楽な文書なりの、それぞれの役割があります。その役割から逆算して、それぞれに適した文書を作れるようになれば、法務の役割を果たし、存在感も高まるはずです。

　文書・資料作成のノウハウを書籍にするように勧められ、その気になった理由は、自分が外資系企業に社内弁護士として入社したときに忘れがたい経験があるからです。

　私には日本の法律業務経験しかないのに、会社の中では、英語のメールや文書が飛び交っていました。日本語であれば、そのニュアンスからメールを送っている人が怒っているのか喜んでいるのか、を嗅ぎ分けることもできるのですが、英語では鼻が利きません。

　さらに、人に資料を送ってもらうお願いのメール一つ作るのにも汗だくです。最初の挨拶はどうするのだろうか、文末はどうするのだろうか、ということから始まり、Please をつけるだけでよいのか、もっと良い言い方はないのかなど、簡単なメールを一日かけて作るような日々が続きました。

　そのとき苦しんで得た一つのサバイバル術は、他人のメールを真似することです。

　そのために、メールフォルダを作りました。普通、案件ごとにメールフォルダを作りますが、私は、文例ごとにメールフォルダを作りました。そこには、自分は関与していないが、たまたま転送されてきたメールで過去に引用されていたメールなど、役に立ちそうな言い回しや書式があれば、後でコピペして使うためにストックしておいたので

す。丁寧な言い回しから砕けた言い回しまで、こういったメールのストックが自分を救ってくれました。

　英語環境で「鼻が利かない」状況に放り込まれ、ここで生き残れるのか、ここに自分の居場所ができるのか、不安で仕方がなかったのですが、難しい話も「メール」「文書」に持ち込めば何とかなる、という生き残りの見通しが見えてきたのです。

　このメールストック法は、外資系企業で逞しくサバイバルしている若手社員のアドバイスがきっかけです。私は司法試験、法律事務所、社内弁護士、とそれなりに年を重ねてから外資系企業に入社しました。それまでの自信や蓄積が通用せず、茫然としていたとき、自分よりもずっと若いし、自分よりもずっと英語が上手でない若手社員が、「芦原さんのほうが英語も経験も能力も上だから絶対大丈夫」と励ましてくれました。「メールや文書にはパターンがあるから、そのパターンをいくつか使えるようになれば、必要なコミュニケーションを取れます」と教えてくれたのです。

　そうです。パターンをいくつか使いこなせれば、とりあえずサバイバルできるのです。

　さらに、文書・資料作成能力が、サバイバルだけでなく、より積極的に自分の世界や可能性を広げるために役立つことは、説明するまでもないでしょう。

　最初から完璧な文書でなくても構いません。少しずつ得意技を増やしていけばよい、そのような軽い気持ちで、文書・資料作成を得意技にしていきましょう。

著者

Contents

第1章 なぜ、法務は文書・資料を作るのか？

1　何のための文書・資料か？ ……………………………………………… 10
2　新人が陥りやすいワナ …………………………………………………… 13
3　会社を守れるか？ ………………………………………………………… 16
4　プロセスを作り出せるか？ ……………………………………………… 19
5　バランス感覚があるか？ ………………………………………………… 22
6　影響力をイメージできるか？ …………………………………………… 25
7　三つの視点で読み直せ …………………………………………………… 28

第2章 こうすれば読み手に伝わる文書作成のポイント

1　語彙よりも構成力 ………………………………………………………… 32
2　やっぱり三段論法 ………………………………………………………… 36
3　段落にはタイトルを ……………………………………………………… 39
4　自動構成パッケージを活用せよ ………………………………………… 42
5　作文は手段である ………………………………………………………… 45
6　読み手ファースト ………………………………………………………… 49
7　頭を冷やせ ………………………………………………………………… 53
8　ツールの使い分け ………………………………………………………… 56

第**3**章　会社を守るプレゼンができる 資料作成のポイント

1 資料のミッションは何だ？ ……………………………………… 62
2 パワポも構成力勝負 ……………………………………………… 66
3 パワポも三段論法 ………………………………………………… 69
4 法務のパワポあるある …………………………………………… 72
5 シートに役割分担させる ………………………………………… 75
6 シートに緩急をつける …………………………………………… 79
7 あえて未完成資料を提出する …………………………………… 83
8 一枚一論点が理想？ ……………………………………………… 87

第**4**章　具体例でわかる 相手に伝わる文書・資料の見本

事業部門への文書

1 検討状況を伝える文書 …………………………………………… 92
2 正式な回答を保留する文書 ……………………………………… 94
3 法的リスクをアドバイスする文書 ……………………………… 96
4 契約書審査を報告する文書 ……………………………………… 98
5 チャットでの報告 ………………………………………………… 100
6 広告審査を報告する文書 ………………………………………… 102
7 進捗状況を聞く文書 ……………………………………………… 104
8 一緒に考える仲間を募る文書 …………………………………… 106
9 研修資料の冒頭部分 ……………………………………………… 108

10 リスク対応の重要性を伝える研修資料 ……………………110

11 図解を用いた研修資料 ……………………112

法務部内での文書

12 三段論法を用いた上司への報告文書 ……………………114

13 自動構成パッケージを用いた上司への報告文書 ……………………116

14 三段論法を用いた役員への報告文書 ……………………118

15 自動構成パッケージを用いた役員への報告文書 ……………………120

16 三段論法による判例紹介 ……………………122

17 複数の論点提示による判例紹介 ……………………124

18 欠勤と引継ぎを報告する文書 ……………………126

19 仕事を引き継いだ際の文書 ……………………128

20 有給休暇申請をした部下への回答 ……………………130

21 自己紹介文 ……………………132

22 図解を用いた研修報告 ……………………134

23 マンガを用いた研修報告 ……………………136

議事録・その他

24 会議議事録 ……………………138

25 役員会の真意を明確にする議事録 ……………………140

26 事業部門との打合せでの論点を整理する議事録 ……………………142

27 資料集の目録 ……………………144

第1章

なぜ、法務は
文書・資料を作るのか?

何のための文書・資料か?

文書・資料の意義（逆算の発想）

 文書・資料は時代遅れか？

チャットやSNSでスピーディーに仕事が進む時代に、文書や資料を作る仕事の進め方は古いのでしょうか。

たしかに、古いでしょう。情報を共有する方法は文書や資料だけではなくなってくるはずです。画像を共有すれば、正確な情報をすぐに伝達でき、スピードも上がるはずです（上がらなければダメでしょう）。

それでも、古くても文書や資料の役割は無くなりません。

本書で文書や資料の作り方を考えることは、文書や資料の役割が無くならないことを確認することでもあります。

 文書・資料を作る二つの目的

文書・資料を作成する目的の一つ目は、パピルスの時代からの用法である、情報の記録化（防御機能、1章の3参照）です。その手段は紙か電子媒体かと言うと、電子媒体に移行していくでしょうから、紙での記録は減っていくでしょう。しかし、記録のために文章・資料を作る、という作業は簡単には消えないでしょう。

たしかに、AI化によってコンピューターが文章・資料をどんどん作ってくれるようになるでしょう。しかし、例えば「何を記録化するか、しないでおくべきか」という判断自体、非常に曖昧で高度なもの

です。法務の文書・資料の場合、ビジネスと法の両方から判断しなければならないからです。記録化一つとっても、人間の関与を完全にゼロにすることは難しそうです。

　二つ目は、適切なプロセスを踏み、新たなものを作り出す機能（創造機能、1章の4参照）です。例えば、文書を書いてみるとわかりますが、意味が曖昧なままでは文書化できませんので、文書化する際、曖昧な部分を分析整理する必要があり、それによって「こういう意味だったんだな」と発見することもあるのです。

　この他にも、様々な意見や情報を整理したり、そのことで新たな発見をしたりしますが、法務部という会社組織として文書・資料を作る理由は、主にこの二つであると考えればよいでしょう。

　本書では、この二つの機能を中心に、文書・資料の在り方や作り方を考えます。

ビジネス文書と文学の決定的な違い

　そもそも、ビジネス文書の特徴は何でしょうか。文学や娯楽のための文書と対比してみましょう。

　例えば、文学や娯楽の場合には、予測が立たないことが大事です。最後まで読んでもらう最大の原動力は「一体どうなるのだろう」という読者の作品に対する期待感です。結末が最初からわかってしまうようでは、多くの場合作品として魅力的でないと評価されるでしょう。

　これに対して、ビジネス文書や資料の場合は、逆に予測の立つことが大事です。文書や資料が主役ではなく、ビジネスが主役であって、ビジネスに役に立つことが重要です。情報を記録・伝達・共有することに意味がありますから、最後まで読んでもらうことは必ずしも重要ではありません。イメージを共有するための表現力は文学にも学ぶところが多いのですが、多くの場合、文学的表現は、ビジネス目的に向

かない場合が多いのです。

　このように、法務の文書・資料は、情報の記録・伝達・共有のツールであり、読み手をハラハラ・ドキドキさせることが目的ではない、という文書の性格から逆算して考えましょう。防御機能や創造機能も、予測可能性を確保し、適切に本来の目的を果たせるようにするために、どのような内容・体裁にするのか、を考えるからこそ、それぞれの機能を発揮できるのです。

☑ Summary

　ビジネス文書や資料には、いずれも目的があります。「目的」を常に念頭に置いて、作成しましょう。

新人が陥りやすいワナ

自己満足の危険

 ## 有能アピールに意味はない

　法務部の新人が作る文書や資料は、自己満足のものになりがちです。

　すなわち、「自分はこんなに調べました」「こんなに知っています」というアピールに熱心な文書や資料が多い、と感じるのです。

　自分をアピールすること自体は全く問題が無く、むしろ法務部のメンバーもビジネスパーソンとして有能であることをアピールすべきですが、そのことによって文書や資料本来の役割が果たせなければ、問題です。

 ## 必要な情報を提供すること

　上記のような、有能さをアピールした文書や資料になりがちであることも理解できます。それは、法務部の社内での役割にも関わるからです。

　すなわち、法務部はどうしても受動的な業務が多く、例えばビジネス側から受けた質問に回答することが、少なからずあります。

　そして、この業務は、学校で行われる試験と似ています。だから、試験答案さながらに、自分の知識を披歴してしまうのでしょう。

　けれども、外見はともかく、実態は試験の答案と異なります。ビジネスのための文書や資料ですから、文書や資料の目的に応じた内容に

なっていなければなりません。

　例えば、事業部門からの質問に回答する場合でも、担当者が法的知識をよく勉強したことを示すのではなく、まずは質問に回答し、ビジネスに必要な情報を提供することが重要です。

　とは言うものの、事業部門としては法的リスクがない、という回答が欲しかった場合でも、会社のためには法務部が法的リスクを示すべきときもあるでしょう。「質問に回答する」というのは、質問された問題に対する適切な回答を提供することであり、「迎合する」という意味ではありません。

　ですから、質問に対して適切に回答するために、法的リスクがある場合には、きちんとそれを示すべきです。問題は、このように法的リスクを示す場合であっても、新人は、法的リスクがあるという結論の根拠をたくさん並べてしまう（勉強したことを示す）ことです。

　たしかに、リスクの有無やその根拠は必要な情報ですから、この回答が間違いというわけではありません。

　しかし、ここで伝えるべき情報がもう一つあります。

　それは、法的リスクに対する、ビジネスとしての対処方針や対処方法、あるいは少なくともそのヒントとなるべき情報です。リスクへの対応を最終的に決定するのは事業部門ですが、だからと言ってただ突き放すだけでは不親切です。「こんな対策を講じてみてはどうか」「他の会社ではこんな対策を講じているようだ」などのアドバイスをすることも、法務部に求められるスキルです。

 ## 「現場を説得する」という発想

　さらに言えば、事業部門に対処方針や対処方法などを示すことができていない文書や資料では、多くの場合、法的リスクとその根拠の説明も、まるで期末試験の解答のように、ただ列挙しているだけです。

必要なことは、質問してきた事業部門を納得させることです。事業部門には早くこの問題について納得し、対策の検討プロセスに移ってもらわなければならないのに、「質問に対し満点の回答をしたのだから、理解しようとしない事業部門はおかしい」と、相手のせいにしてしまう姿勢は好ましくありません。

　法的に正確な表現は、抽象的でわかりにくい場合が多く、そのままでは、相手はなかなか理解できません。したがって法務部には「質問に答える」だけではなく、「説得する」姿勢が必要です。

☑ Summary

文書や資料は、試験問題への解答ではありません。知識のアピールではなく、相手を説得する文書・資料作成を心がけましょう。

3 会社を守れるか？

文書・資料は防御機能を持つ

 エビデンスとしての機能

　ここでは、1章の1で指摘した機能のうちの一つ目の機能、すなわち記録機能（防御機能）を検討します。この防御機能にも、二つの機能が含まれます。

　第一に、エビデンスとして会社を守る防御機能です。議事録がその典型です。

　文書・資料の最も典型的な役割は、情報の記録であり、会社を守るために非常に重要です。会社自身のことなのに、記録もろくに残されていなければ、会社の不祥事や悪意が争われたときに十分反論できず、会社の不祥事や悪意を疑われかねません。

 シールドとしての機能

　第二に、シールドとして会社を守る防御機能です。契約書や意見書がその典型です。

　すなわち、契約書はトラブル時のルールを予め定めておくことで、特にリスクをコントロールする機能を発揮します。また、意見書は法的リスクが小さいことや対策が打たれていることを専門家に検証してもらうことで、リスク対策が十分だったことの証明に役立ちます。

　もちろん、契約書や意見書は、社内プロセスが適切だった証拠にも

なります（この意味で、エビデンスとしての機能があります）が、最大の機能は、このように外的な問題に対してシールドを張り、会社を防御する機能です。

　エビデンスとしての機能と、シールドとしての機能は、その力を発揮する場面が異なるのです。

機能の違いによる作成方法の差

　エビデンスとシールドでは、機能する場面が違うことから、文書・資料の作成方法にも違いが生じます。もちろん例外もありますので、一般的な傾向としての整理ですが、両者の違いを理解して意識的に使い分けられるようにしておくことで、文書・資料を使いこなす幅が広がります。

　まず、一つ目のエビデンスの場合には、社内体制やプロセスが適切に機能していたことを証明します。例えばそれが会議の議事録の場合には、会議での議論を正確に反映させた逐語版が原則的に好ましいでしょう（場合によっては、意訳して整理した要約版のほうがよい場合もあります）。さらに、1章の5で検討するように、社内プロセスの正しさを証明する場合にも、具体的なイメージを共有できる文書のほうが、各事業部門もプロセスを理解していたことの信用性を高めるでしょう。

　つまり、エビデンスの場合には、イメージを共有できるような「具体的な」表現が必要となります。ビジネスを動かす事業部門側が実際に行動できるような文書・資料は、それが現場レベルの視点に近いほど、より具体的な表現になっているはずです。

　次に、二つ目のシールドの場合には、抽象度が高い言葉や表現が多く使われ、揚げ足を取られたり誤解を生じさせたりしないように、「正確な」表現が必要となります。抽象度が高いのに、それでいて多義的

でないことが必要となりますから、抽象度の高い表現が重なることになり、難解な表現に見えてしまうのです。

　同じように、防御機能と言っても、表現の具体性が重視される場合だけでなく、むしろ表現の正確性とわかりやすさが重視される場合もあるということを理解すれば、文章や資料を作成する際の幅が広がってきます。

☑ Summary

文書・資料を作成する際、これがどのような場面でどのように会社を防御するのか、をイメージしてみてください。文書・資料の質がぐっと良くなります。

4 プロセスを作り出せるか?

文書・資料は創造機能を持つ

 何を作り出すのか?

　ここでは、1章の1で指摘した機能のうちの二つ目の機能、創造機能を検討します。

　ビジネス文書・資料の創造機能は、しかも法務部の場合、なかなかイメージしにくいですが、法務部の役割から掘り下げて考えてみましょう。

　まず、会社の目的は、ずばり「儲ける」ことです(営利法人)。儲けるためにはリスクを取らなければならず、法務部はそのうち法的なリスクについて、リスクを取ってチャレンジできるように管理します。社内の役割分担で言えば、ビジネスの責任を負う役員や部門がリスクを取る決断、すなわちチャレンジする決断をします。そして、法務部はその決断のためのお膳立てをする役割を担います。

　リスクを取ると言っても、賭博やギャンブルではなくビジネスですから、ビジネスとしての相当な合理性が必要です。すなわち、リスクを取るためにデュープロセス(適正手続)を尽くすこと、つまり人事を尽くして天命を待つ状態にすることが大事です。

　デュープロセスを尽くすことは、十分な情報で十分に検討することであり、法的には「経営判断の原則」に適合する状態を作り出し、「予見義務・回避義務」を満たす状態を作り出すことです。

　法務部の文書・資料はこのようなプロセス作りに貢献することが求

められます。

 ## 法的なリスクや問題を記載する文例

　事業部門からの質問への回答にも議事録にもアレンジして使える、法的なリスクや問題を記載する場合の文例をご紹介しましょう。

　「以上のリスクが懸念されるので、法務部は貴部に対し、以下の点を検討し、リスクを取るかどうかの判断ができる状況を作るよう、提案します。
①　リスクの有無と程度の見極め
　…というルールがあることから、もし当社に…のような事情が存在した場合、このルールに違反すると非難される危険があります。
　実際にそのような事情があるのか、確認してください。
②　リスクコントロールの方法
　リスクを取るためには、リスクをコントロールしている状態にすべきですので、①のリスクをコントロールする方策の検討が必要となります。」

　といった具合です。法的リスクを摘示する際、適宜この文例をアレンジしながら使用してみてください。

 ## デュープロセスを実現する

　上記文例は、リスク管理のために必要なリスクセンサー機能とリスクコントロール機能をどのように発揮させるべきか、を示しています。つまり、リスクを取ってチャレンジする場合、会社がするべきことと進むべき方向性を示しています（リスクセンサー機能とリスクコント

ロール機能とは、端的に言えば、会社組織がリスクに気づくための機能がリスクセンサー機能で、気づいたリスクを適切に処理し、チャレンジする（リスクを取る）ことができるように管理するための機能がリスクコントロール機能です）。

　一方、このように、今後どのような検討をすればデュープロセスを尽くせるのかのガイダンスを示すことについて、法務部として抵抗を感じる場合もあるでしょう。ビジネスリスクは事業部門側が負うからです。

　けれども、法務部は法的リスク管理の専門家です。上記文例は、法務部が専門家としての仕事を果たした証拠にもなると考えられます。法務部も、一緒にビジネスを作る仲間としてデュープロセスに貢献しましょう。

☑ Summary

　「人事を尽くす」ための適切なプロセスの基礎となる機能も、法務部の文書・資料に求められます。

5

バランス感覚があるか?

正確性と具体性を考慮せよ

 バランスの問題

　ここまで解説してきた文書・資料の二つの機能、「防御機能」と「創造機能」はともに重要ですが、これは二者択一の話ではありません。いわば、バランスの問題です。例えば、１章の３で検討したエビデンスとしての文書・資料は、一方で記録として機能しますが、他方で社内プロセスを作り出す機能も有します（１章の４）。

　このように、防御機能と創造機能の両方を備えている場合もありますから、質的にどちらかという選択の問題ではなく、量的なバランスの問題なのです。

　ではどのようにバランスを取るのか、という問題ですが、ポイントは、防御機能の重要な要素である正確性と、創造機能の重要な要素である具体性という二つの要素から考える、ということです。

 具体的である必要性

　例えば、１章の４の文例でも扱った、法的なリスクや問題を記載する回答文書を考えましょう。関係部門に、リスクの存在を伝達し、具体的な課題やその克服のためのポイント、プロセスなどを共有してもらいます。イメージをしっかりと共有してもらうことが必要ですから、抽象的な表現ではなく、会社の様々な業務内容や問題となる状況など

を具体的に指摘する必要があります。

　特に、リスク対策となれば、それぞれの部門が弱点をさらけ出しあう必要がありますが、各部門の面子などが障害となって、事態が相当悪化するまで他部門がリスクを知らされないことも見かけられます。さらに、リスクを具体的に明らかにしてしまうと、自部門の管理の不備を自白することになるので、自己防衛的な意識が働き、抽象的でわかりにくい表現になりがちです。

　けれども、各部門内部の問題として処理されていた問題をお互いにさらけ出して共有するからこそ、抜本的な対策を全社的に検討できるのですから、かなり具体的で詳細な内容が文書・資料を通して共有されなければなりません。

 ## 正確である必要性

　けれども、もしこの検討過程の具体的で詳細な資料が、監督官庁などへの報告書類等だとしましょう。たくさん問題点を指摘すると、一面で「よく検討している」と評価される可能性がありますが、他面で「そんなにひどかったのか」と評価される可能性もあります。

　だからといって、問題と認識しているのにそれに気づかないふりをしてしまうと、根本的な解決が期待できませんし、気づいているのに記録しないとなると、プロセスの信頼性を損ねます。やはり、具体的に書くことが求められるのです。

　このような場合は、例えば気になる事象を具体的に指摘した後、それは過大にも過小にも評価されないよう、正確な自己評価をしてコメントしておく、等の方法が考えられます。

　例えば、「紙による申請文書を削減して、ネットでのやり取りに限定する運用を試験的に始めたところ、ダブルクリックで二重に入力してしまう例がみられる」と、気になる事象を具体的に指摘しつつ、「し

かしこれは、誤ったダブルクリックを検知するツール等を導入すれば対応可能な問題であり、クリティカルではない」という正確な評価としてのコメントを残します。

　このように、具体性と正確性は、二者択一の問題ではなく、個別にバランスを取るべき問題です。

☑ Summary

防御機能と創造機能は二者択一ではなく、正確性と具体性の両立をそれぞれの場面ごとに上手に取れるバランス感覚が重要です。

6 影響力をイメージできるか?

法務部の想像力が問われる場面

 ### 社会常識と想像力

　文書・資料の作成は、1章の5で検討したとおり、バランス感覚が必要になります。口では簡単に言えますが、これを実現するとなると容易ではありません。

　このバランス感覚は、どれだけ社会常識を持っているのか、ということが重要です。社会生活を通して自然と身に付けていく面もあれば、意識的に相手の立場に置き換えて考えてみるような心がけが重要な面もあり、社会常識やバランス感覚を身に付け、高めることは、ビジネスパーソンにとっての課題です。

　そして、この社会常識を高めるためのポイントとして重要なのは、想像力です。ここでは、想像力について検討しましょう。

 ### 想像するレベル

　まず、ビジネス文書・資料で求められる想像力は、SF小説を書くようなレベルの想像力ではありません。もっと現実的で常識的な想像力です。

　つまり、最悪な事態を想像することで、リスクセンサー機能を高めるのですが、例えば半年後には太陽が大爆発してしまう、というようなレベルの可能性のリスクを、科学的な根拠もなく最悪シナリオとし

て取り上げることではありません。

　会社業務として馴染み深いのは、最近多くの会社で設定されるようになってきたBCP（ビジネス・コンティニュイティ・プラン、事業継続計画）でしょう。これは、例えば主力工場の生産活動が災害により1週間停止した場合など、様々な危機的な状況ごとに、どのような対策（対策本部の立上げ、別工場での代替ライン設定、流通在庫の放出など）を講じるのかという「危機対策マニュアル」のようなものです。

　このように、どの程度の発生頻度をボトムと設定するのかは状況に応じて異なりますが、ビジネスとして合理的と言えるための「想像」ですので、常識的なレベルの「想像」が求められるのです。

　ここで注意すべきは、この「常識」が社会状況の変化に応じて変動する点です。例えば、温暖化の影響で自然災害が甚大化していると言われている今日では、BCPで想定される自然災害の頻度や規模も昔より高く設定しなければいけないでしょう。

　この点も含め、「常識的」な「想像」なのです。

 ## バランス判断につなげる

　文書の具体性と正確性のバランスを取るための「想像力」も、「常識的」なものです。

　例えば、1章の5で検討した事例（ダブルクリックの問題と重大性に対する評価）を思い出してください。

　ダブルクリックの問題を「具体的」に記述しなければ、どのような事態が「想像」されるでしょうか。ある部門が問題の重大性を誤解して軽く見てしまい、対策が不十分になるかもしれません。ダブルクリックが、自部門の業務にも影響を与えることを見落としてしまうのです。

逆に、「正確性」に対する配慮が足りず、ダブルクリックの問題だけを記載し、適切な評価を記載しておかなければ、監督官庁やマスコミなどが過大に評価してしまい、余計な指導や業務改善命令がなされたり、社会的な非難を受けたりするかもしれません。

　このように、「具体性」「正確性」の影響を測定するために、「想像力」を働かせるのです。

　この「想像力」があるからこそ、表現のバランスをどのように取るべきか、というバランス感覚を発揮できるのです。

☑ Summary

　合理的な内容の文書・資料を作るためにはバランス感覚が必要ですが、抽象的な理屈からではなく、常識的な「想像力」がポイントです。

7 三つの視点で読み直せ

法務の目・現場の目・経営の目

 違う立場から見ることが大切

1章の6で検討したとおり、常識的な「想像力」が文書・資料作成に重要ですが、慣れないうちはいろいろな展開を想像することが意外と難しく感じます。

いろいろな展開を想像するコツは、自分の立場とは違う立場の人がどのように受け止め、どのように行動するのか、という観点で見ることです。

例えば、1章の5・6で検討した事例（ダブルクリックの問題とその評価を示した文書）では、他部門がどのように受け止めるか、監督官庁やマスコミからどのように見えるのか、というように、違う立場の人の受け止め方を「想像」しました。

このように、状況に応じて様々な立場から「想像」することが重要ですが、その中でも特に汎用性の高い立場を三つあげると、表題のように、「法務」「現場」「経営」となります。

 主役は「現場の目」

この中でも、一番重要なのは「現場の目」です。

というのも、リスクを感じること（リスクセンサー機能）、リスクをコントロールすること（リスクコントロール機能）のいずれも、現

場が重要だからです。

　会社を人体に例えてみましょう。体は表面全体に神経が張り巡らされており、蚊に刺されたことでも脳に情報が伝達されます。皮膚の表面の神経は、難しいことを考えるわけではなく、ただその持ち場で与えられた仕事をしているだけです。熱い、痛い、などの情報を得たらすぐに脳に伝えるだけです。

　そして、皮膚の表面にある神経細胞の一つひとつの機能は限られているけれども、これらが体全体をカバーする神経ネットワークを構築しているおかげで、人体は重大なリスクのかなりの部分を事前に回避できているのです。

　この神経のような役割を持つのが現場の人たちです。現場で見たこと、感じたことを会社に伝えてくれるからリスク対応ができるのです。

　ここではリスクセンサー機能を検討しましたが、リスクコントロール機能についても、現場の感覚や経験が非常に重要な役割を果たします。だからこそ、法務が作る文書・資料も、「現場の目」でチェックすることが特に重要なのです。

違う立場からのチェックを重ねる

　例えば、談合のリスクを指摘する場合です。

　「法務の目」から見れば、極限までリスクを小さくしたいので、問題となる行為類型全てを詳細に説明したくなります。

　これに対し、「現場の目」から見れば、「これまで自社や同業他社で実際に問題になった行為類型程度でいいじゃないか」「むしろ多すぎると現場担当者も理解できないから、そこまで説明を絞ってくれ」ということになります。

　ここで、「経営の目」ですが、行為類型の問題など予防的な面だけでなく、実際に談合を指摘されてしまった時に受ける制度的・社会的

制裁の内容や程度、プロセスと、それへの対処方法まで整備できているのか、ということまで気になるでしょう。

　例えば談合について、「法務は頑なすぎるが、かといって現場は楽観的すぎる。今後、競争がより厳しくなるから、同業他社と少し距離を取りたい。ここは法務の正論を盾に、同業他社との馴れ合いを整理しよう」というのが経営の発想です。

　さらに、このような立場の違う視点をイメージするために、それぞれの立場を具体的な人物に置き換えてもよいでしょう。すなわち、法的なリスクを強く主張する法務課長、営業からは営業担当役員、経営として副社長など、実際にイメージしやすい人物に置き換え、「それぞれの人物ならきっとこう言うだろうな」と想像してみればよいのです。

☑ Summary

想像力を働かせろ、と言われても簡単にできない、と思うかたは、最低でもこの三つの立場から、文書・資料を検討してみましょう。

第2章

こうすれば読み手に伝わる
文書作成のポイント

語彙よりも構成力

法務の文書で一番大切なこと

 構成力の重要性に気づいたきっかけ

　昔、とても優秀で素敵な法務部員から「実は文章が苦手だ、自分は語彙が少ないから」と相談されました。私は、語彙の問題ではない、語彙が豊富でなくても絶対に文章が上手くなるはず、と信じていたため、彼に苦手意識を克服してもらうために、一所懸命解決策を考えたところ、出た結論が、この「語彙よりも構成力」でした。

　当時の私の乏しい経験を振り返り、少なくともビジネス文書については、①単語に頼っていてはダメだ、②構成力を磨くことのほうが重要なのだ、と思い至ったのです。

　ここでは、「語彙」よりも「構成力」が重要である理由を明らかにしましょう。

 豊富な語彙は読み手を混乱させる

　なぜ、語彙よりも構成力が重要なのでしょうか。

　理由の一つ目は、法務部の文書は、性質上、豊富な語彙が要求されていない点です。

　まず、法的な文書の基本は三段論法です（2章の2）。大前提（一段目）の規範（抽象論、一般論、ルール）部分と、小前提（二段目）の事実（具体論、現実論、あてはめ）部分と、結論（三段目）、とい

う三部構成になります。

これだけを見ると、抽象論と具体論を説得的に表現するために、とてもたくさんの言葉が必要と思うかもしれません。

けれども、法的な文書では、単語それぞれに法的な意味がありますから、同じ単語が何度も繰り返し出てくるのは当然です。文学や娯楽小説の世界だと、同じ単語を使うのは語彙の貧困さを示すものと言われる場合がありますが（とある翻訳家も同じことを言っていました）、法的な文書では、違う単語を持ち出すと違う意味であると受け止められ、読み手を混乱させますので、同じ意味であればひたすら同じ単語を使い続けます。特に、大前提の規範部分は、適用されるルールを明確に示す部分で、ルールに用いられる単語しか登場しませんから、ここで用いられる単語の種類は、それほど多くなりません。

また、小前提の事実部分ですが、ここは会社の社内用語や取引先とのやり取りに関わる業界用語等が出てきます。けれども、これも「語彙」というような一般的な問題ではなく、やはり限られた領域の言葉が繰り返し登場します。もし、法務部も理解できない言葉が出てくれば、現場の担当者に教えてもらうべきもので、これも、文章の作成能力とは関係ありません。

さらに全体を通して言えることですが、微妙にニュアンスの異なるたくさんの言葉を出すことは、議論を複雑にする一方です。ビジネス文書では、複雑なことをシンプルに整理することが重要ですから、正確な語彙は必要であっても、豊富な語彙は不要なのです。

正確に伝える構成を考える

理由の二つ目は、法務の文書は、効率よく、正確に理解してもらうことが要求されるからです。

ビジネス文書とは違い、文学や娯楽小説では、例えば時間も場面も

異なるストーリーが並行して進行するなど、読み手が状況を把握するために相当の努力が必要となります。そのことが読書の楽しみでもあります。

けれども、ビジネス文書は読み手の努力を求めてはいけません。読み手に読書の楽しみを与えるのが目的ではなく、情報とメッセージを相手に理解してもらうのが目的だからです。逆に、限られた時間と労力で効率よく正確に内容を理解してもらうことが重要です。こねくり回した複雑な場面設定はもってのほかです。

むしろ、「難しいことを簡単に」書くことが重要となります。

そのためには、込み入った理論に関し、それを構成するパーツやそれぞれの関連性を整理した上で文書の構成を組むことになります。一般的な文書でも要素を箇条書きにして下書きを作ることがありますが、箇条書きのように味気ない文書の構成こそ、ビジネス文書に必要なのです。

☑ Summary

ビジネス文書をわかりやすく書くために一番大切なのは構成力です。「難しいことを簡単に書く」ことにつながるからです。

【難しい文章〈Before〉を、簡単な文章〈After〉に】

〈Before〉
　プランAの欠点は、言うまでもないが、システムの不安定さである。意欲的な工夫が随所に見られ、競合他社のサービスとの違いを打ち出せるものの、システム初期にありがちな不安定さは、これが多くの企業で導入され、様々な使用状況下での改善を繰り返すことで克服される問題であり、斬新なサービスが提供できる環境を手に入れる対価として見ると、当社が失うものがあまりにも大きい。
　すなわち、プランAに含まれる決済機能は、在庫管理や物流と連動するため、現場での管理業務を大幅に軽減し、同時に人的ミスを大幅に減らすことが期待される反面、システム障害によっては、決済業務だけでなく、在庫管理業務や物流業務も停滞してしまい、サプライチェーンの崩壊をもたらす危険も検証されなければならない。
　けれども、導入の際のカスタマイズのコストがかかるにしても、導入後のメンテナンスや、セキュリティーのアップデート、サービス内容の向上などがクラウド環境で行われるメリットも決して低いものではなく、ベンダーに対する依存度が大きくなる障害対策は必要だが、考慮しなければならない。

〈After〉
　プランAのデメリットは以下のとおりである。
　　・システムの不安定さと業務への影響
　　・カスタマイズのコスト
　　・ベンダーへの依存
　他方、プランAのメリットは以下のとおりである。
　　・決済・在庫・物流管理のコストや人的ミスの低減
　　・先端の機能による当社サービスの高度化
　　・競合他社サービスに対する差別化
　　・メンテナンスフリー

やっぱり三段論法

混沌との決別

法務の文書はワンパターン

ビジネス文書の中でも法的な文書は特に難しい、と考える人が多くいます。理由は、扱うロジックも複雑だし、たくさんのルールがあるし、いろんな事態を想定しなければならないし、などというところでしょうか。

けれども、三段論法を理解して使いこなせるようになれば、法的な文書は作るのがとても楽です。なぜなら、ワンパターンだからです。

どういうことかと言うと、三段論法は、一段目の大前提（ルール、規範、抽象的一般論）に対し、二段目で小前提（事実、あてはめ、具体的個別論）がぶつけられ、三段目で結論が示される、という三つのパートから成る論証であって、常にその三つだけを論じればいいからです。

4章の1の見本（93ページ）を参照しながら解説します。

三つのパートで何を書くのか

まず、大前提の抽象論ですが、ここは問題となるルールの内容を確定させる場です。

法的リスクに関わる文書では、法律や契約の条文の文言そのままでルールの意味が確定できればそのままの文言、それだけでは確定でき

ない場合には、裁判例や政省令などでどのように確定されるのか、を示します。基本的にはこれだけです。

　例えば、4章の1の見本の場合、大前提（一段目）として、「契約書上、発注のメールが当社に到着してから三日以内に回答しなければ、受注したことになります。到着した初日を算入しないのが、日本のルールです。」と示せば、ルールの内容が確定しますので、大前提（一段目）が決まります。

　次に、小前提（二段目）の具体論ですが、ここでは、大前提で示されたルールに当てはまる事実を示します。

　例えば、同じ例だと、「先方が苦情を言ってきた今回の案件では、先方からの発注メールが到着したのが、二月一日、この日を算入せずに三日ですから、回答期限は二月四日です。他方、我々がお断りのメールを送ったのが、二月三日です。」と示せばいいのです。

　最後に、結論（三段目）です。同じ例だと、「ですから、受注したことにはなりません。」と示せばいいのです。

　これが、4章の1の見本の、我々のお断りのメールが有効かどうか、という問題に対し、契約書に基づいて判断を示す場合の、三段論法です。

どのように使いこなすのか

　この三段論法を、文書作成のツールとして活用しましょう。

　それは、抽象的一般論と、具体的個別論を分けるために活用します。

　ここで、先ほどの例をもう一度見ましょう。大前提の部分に、一般的なルールがまとめられています。契約書のルール、民法のルールです。同様に、小前提の部分に、事実がまとめられています。具体的な日付です。

　これが、こなれていない文書になると、契約書の話、日付の話、今

度は民法の話、また日付の話、など内容が行ったり来たりします。あるいは、内容を特に分けることもせずに、これらの要素がごちゃ混ぜに書かれる場合もあります。

　しかし、三段論法の型にはめると、混沌とした状況が整理され、上述の例（4章の1の見本）のように、すっきりと読みやすくなりました。法務部の文書は、ほぼ全て三段論法に沿って作成すればよいのです（わざと一部を省略する場合もあります）。

　先ほどは法的なリスクで例を示しましたが、風評のリスクの場合には、大前提の部分を「最近、こんな言動はネットで批判を集めやすい」といった一般論に置き換えればよいのです。そうすれば、小前提として「例えば、今回の CM のこの部分が問題だ」と具体的な指摘をし、結論として「見直したらどうだ」と指摘できるのです。

☑ Summary

法務部の文書は、三段論法という型を意識して作成すればよいです。ワンパターンですから、三段論法を使いこなせるようになりましょう。

3 段落にはタイトルを

「一段落一タイトル」が構成力を上げる

タイトルを付けられない場合があるか？

どのように文章の構成力を身に付けるのでしょうか。それは、段落に必ずタイトルを付けるようにすることです。これだけで、かなり構成力の高い文章になります。

これに対して、「段落に必ずタイトルを付けることは無理だ、文章作成の自由度が落ちる」などと拒絶反応を示す人がいます。実は、弁護士登録当初、私自身がこのような拒絶反応を示していました。

タイトルは付けられないといけない

けれども、現在ではそのように考えていません。むしろ、ビジネス文書である以上、全ての段落に必ずタイトルを付けることができないといけない、と考えています。

それは、タイトルを付けられる場合とそうでない場合を比較すればわかります。

タイトルを付けられるということは、段落の内容を一言で要約できることを意味します。一段落一テーマとなっていると、要約できます。

これに対し、タイトルを付けられないのは、一段落一テーマになっていないからです。また、複数の段落にわたって、議論が「行って戻って」を繰り返している場合もあります。このような場合には、タイ

トルが付けられないか、付けられるとしても他の段落と同じタイトル
になってしまいます。

　このような文章は、話の流れがなかなか見えてこず、読み手をイラ
イラさせますし、せっかく鋭いことを言っても、話を何度もひっくり
返しているうちにインパクトが薄れ、重要な内容が伝わらなくなって
しまいます。

タイトルを付けられる文章の作り方

　では、一段落一テーマにするためにどうすればよいでしょうか。

　それは、段落の中で異なるテーマをより分け、それぞれ別の段落に
まとめることです。逆に別の段落の中に同じテーマの話題があれば、
一つの段落にまとめてしまいます。

　つまり、似た内容同士でまとめ上げればよいのです。難しい話では
ありません。

　けれども、このまとめ方では、理由を述べる段落だけが異様に長く
なりすぎてしまう場合があります。

　例えばリスクを指摘する文章を作るとします。そのうち、リスクの
理由に関し、文章のあちこちに散らばっていたものを一か所に集めて
みたところ、「リスクの理由」というテーマの段落だけが長くなりす
ぎてしまい、かえってわかりにくくなってしまった、という場合です。
それでも、一段落一テーマにしなければならないのでしょうか。

　この場合は、理由①、理由②、理由③のように、分ければよいので
す。一段落一テーマといっても、全ての理由をまとめて一テーマにし
たり、理由一つずつを一テーマとしたりするなど、そこは読みやすさ
と理解のしやすさを考慮して選択できます。ここに、執筆者の構成力
を発揮する余地があるのです。

　例えば、法的な理由として、ルールの解釈や適用を理由①、風評の

リスクを理由②、経営的にコストがかかる点を理由③、など、視点の違いを際立たせることもできるでしょう。

そして、このようにタイトルを全ての段落に付け終わったら、今度はタイトルだけを最初から順番に追ってみます。タイトルだけを読みつないだ結果、それで意味が通り、文章の中身も予想がつくようになれば、タイトル付けは成功です。

タイトル付けができない、つまり、自分自身で要約できない文章は、自分自身が文章をコントロールできていないことになります。構成力もないということであり、読み手が理解しにくくなりますので、そのような文章は作らないようにしましょう。

※本書は、段落にタイトルを付けています。段落にタイトルを付ける方法の参考のためにタイトルだけ読んでみてください。意味がつながりますか？

☑ Summary

仮タイトルを付けて文章を書いてみて、合わなければタイトルを変えたり、段落を分けたりする、という文章の書き進め方もできます。

4 自動構成パッケージを活用せよ

デキる法務の時短文章術

自動構成パッケージとは

　繰り返し説明していますが、ビジネス文書、特に法的な文書の文章力は、語彙ではなく構成力で決まります。慣れてくれば、構成を組みたてながら文章を書き進め、少し進んだところで構成を見直して修正し、さらに文章を書き進める、というようなことも可能になります。ワードのようなツールがなければできない文章作成方法です。

　けれども、いちいち構成を考えるのもしんどい話ですから、型にはめ込めば自然と文章の構成ができあがる、という便利な「自動構成パッケージ」（構文）も、上手に活用しましょう。代表的な構文を三つここで紹介します。

たしかに……しかし

　この構文は、「たしかに」で始まる段落で、反対の立場への配慮を示します。次に、「しかし」で始まる段落で、自分の立場の根拠を示します。

　例えば、「たしかに、既存の販売方法だけでは尻すぼみであり、新たな販売方法の開発が必要である。しかし、未体験の販売方法に直ちに全面移行することは、以下の理由から危険が大きいと考える。…」等のように使います。

反対の立場にもっと配慮する場合には、「たしかに」以下が膨らみますので、独立した段落にすればよいでしょう。この構文のメリットは、「たしかに」「しかし」それぞれを膨らませていけば、自然と似たもの同士を集めることができ、たった一回の逆接だけで論旨をひっくり返せますから、話の流れが非常に見やすくなる点です。

　さらに、配慮しておきたい反対の立場が複数ある場合には、「たしかにしかし」を論じた後に、「またしかし」を使って論じることも可能です。「またしかし」は、「たしかにしかし」にオプションとして付属する構文です。

 ## たとえば……つまり

　この構文は、「たとえば」で始まる段落で具体的なイメージを共有した上で、「つまり」で始まる段落で、これを抽象化してエッセンスを抽出し、一般的な命題を示します。

　例えば、「たとえば、出先での会議の報告も、同じ部門や同じプロジェクトのメンバー全員に瞬時に共有できます。つまり、チャットなどのツールは、仕事のスピードと透明性を上げるのです。」等のように使います。

　このように、具体化と抽象化を意識的に使い分けられるのです。

 ## なぜなら……そもそも

　この構文は、「なぜなら」で始まる段落で実質的な根拠を示し、「そもそも」で始まる段落で、形式的なルールの解釈に基づく根拠を示します。実質的な根拠として経済的なメリットなど、形式的な根拠として先例との合致など、双方の根拠を最低一つずつ指摘すればそれなりに説得力が出てきます。

この構文は、この二種類の根拠を余さず示せます。

　例えば、「先方からの追加費用負担の要求には、応じるべきでないと考えます。なぜなら、先方との業務提携で行おうとしているビジネスとの関連性が薄いだけでなく、そもそも、今回の業務提携は先方が当方のブランドやネットワークを活用し、当方は先方の技術力を活用するという役割分担を前提にしており、技術開発に関する追加費用は、先方が負担すべきものだからです。」等のように使います。

　構文の後半はいわゆる「そもそも論」ですが、前半を「そもそも」から始めてしまうと、現実に対する配慮がないと反感を持たれる場合もありますので、形式的根拠を後半で述べるところがミソです。

☑ Summary

　構文に当てはまる言葉を探せば、自動的に構成が調うだけでなく、中身も揃います。便利ですので、使ってみてください。

5 作文は手段である

手を動かして頭の中から絞り出せ！

 ### とにかく書き始めること

なかなか文章を書き始められない、と悩む人にもいろいろな理由がありますが、文章の中身が決まらないから、という理由が比較的多いようです。

たしかに、小学校時代の作文は作文用紙に手書きで書くため、中身や構成、さらにある程度のディテールまで決まらなければ、書き直しが怖くて書き始められませんでした。

けれども、パソコンで自由に文章を組み替えられる時代です。もっと気楽に文章を書き始め、作文自体をツールにすればよいのです。

 ### パソコン向け作文術①——思いつきを形にする

一つ目の段階は、思いつきを形にしていきます。①まず検討するテーマに関して浮かんだフレーズをもとに、簡単な文章に書き起こします。②そこに、関連する事柄を書き足していきます。③ある程度文章の量が増えたら、その内容ごとにグループに分け、段落を整理してみます。仮タイトルを付けると便利です（2章の3参照）。

④そして、それぞれの段落をさらに膨らませます。⑤これがある程度増えたら、また段落分けし直します。

このような作業を繰り返しながら、文章を作っていくのです。具体

的には、48ページの第一段階1〜3をご覧ください。このような単語出し、文章化、整理のステップを経て作文するのです。

　冒頭の文章から順に作っていくということはしません。頭に浮かんだフレーズから書き始めればよく、文章全体の方向性自体も、文章が自己増殖するに任せて後で決めれば十分です。時には、増殖しすぎた部分をバッサリ切り捨てることもありますが、切り捨てた部分は別の機会に活用できるかもしれませんし、頭を整理することに貢献したので、決して無駄ではありません。

　この段階は、文章が自然に育っていく、という感覚を与えてくれるプロセスです。

パソコン向け作文術②──頭の中から絞り出す

　次の段階で、頭の中から知恵やヒントを絞り出します。

　これは、一つ目の段階で、ある程度文章が育ってきて、文章のパーツが揃ってきたときに行います。段落がいくつかできてくると、ここにいくつか要素を盛り込みたい、という部分が見えてきます。例えば、自説を裏付ける理由だったり、ビジネス上の工夫だったりします。

　具体的に48ページの第一段階3を見てみましょう。文章として整理したことで契約を解除できるのはどんな場合かがかなりはっきりしてきました。

　次に、契約相手から揚げ足を取られないように、さらに知恵を絞ります。そうすると、相手方からは、「証明されたかどうかは裁判で決めることだ」「予告なくいきなり解除するのはおかしい」という反論がイメージできます。そこで、第二段階4のように、「甲が判断した場合」「事前の通知を要せず」という文言を追加するのです。

　この段階の進め方は、特段に、何かを絞り出すような工夫をしているように見えないかもしれませんが、これが意外と効きます。

その要因の一つが、仮タイトル付けや異なった視点を強制しているからです。仮タイトルを付けたり、異なった視点を強制することが「連想ゲーム」の引き金になるのです。

　48ページの第二段階4では、「相手方からの反論」の視点で、連想しました。その他にも、例えば、自説の理由付けを考える際、仮タイトルに「必要性」「合理性」と付けてみましょう。すると、仮タイトルをきっかけに自説の「必要性」は何があるだろう、自説の「合理性」はどこから説明すればよいだろうか、と考えるようになります。

　つまり、頭の中のいろいろな引き出しをひっくり返しながら、必要性や合理性につながりそうな概念やイメージのサーチが始まります。モヤモヤしたものを文字にすることで、新たな発見につながるのです。

　48ページの第二段階4でも、まず、自社の立場から入れておきたいルールを形にしたのち、相手方からの反論にはどのようなものがあるだろうか、という想像力を働かせて、違った切り口から「絞り出す」ことが、作文を通して可能になります。

☑ Summary

思いつくものを形にしていくことから文章を作り始めます。ヒントとなる言葉を自分自身に対して投げかけることにもつながります。

パソコン向け作文術で段階を踏み作った文章

第一段階

1．単語出し

まず、頭に浮かんだキーワードを並べます。

「解除」「ブランド使用」「疑いレベル」

2．文章化

次に、文章にします。

「甲は、乙が甲の有する以下のブランドを、甲の事前の承諾なく使用したと疑われる場合、解除できる。」

3．整理

次に、主語と述語が乱れている部分等を、文章として整理します。

「甲は、甲の有する以下のブランドにつき、乙が甲の事前の承諾なく使用した事実が合理的に証明されたと判断する場合、解除できる。」

第二段階

4．絞り出し

いよいよ、絞り出しです。解除事由（疑い）の有無を誰が判断するのか、事前の通知など必要か等、もめそうな事態を具体的に想像し、ルールをより具体化します。

「甲は、甲の有する以下のブランドにつき、乙が甲の事前の承諾なく使用した事実が合理的に証明されたと、甲が判断した場合、事前の通知を要せず、この契約を解除することができる。」

6

読み手ファースト

斜め読みできる文章

 読み手の負担を減らせ

　ビジネス文書は、文学や娯楽小説と異なり、読者に文章を読む負担をかけてはいけません。読むこと自体を楽しむためのものではなく、情報伝達の手段でしかないからです。

　たしかに、ビジネス文書でも、興味深く読めるものとそうでないものがあり、前者のほうが好ましいのは言うまでもありません。

　けれども、それは文学や娯楽小説のような表現手法で興味をひくのではありません。ビジネス文書の場合は、読者の負担をできるだけ減らす表現を目指すことが重要です。

　読者の負担の少ない文章とは、端的に「斜め読みできる文章」と言えます。

 文章の形を揃える

　2章の1で「構成」にこだわり、2章の3で段落の「タイトル」にこだわったのも、斜め読みできるようにするためです。

　さらに、文章の形を揃えることも大切です。

　例えば、プランAとプランBを比較する文書を作るとしましょう。

　この場合、まず対比表を作ってしまいます。対比すべき要素は、①概要、②メリット、③デメリット、④導入プロセスや期間、コスト、

⑤評価、にしましょう。

　そして、対比表をそのまま文章の構成にします。次のような文章になります。

「プランAは、以下のとおりです。

　①概要は、…です。②メリットは、…です。③デメリットは、…です。④導入の問題は、…です。⑤以上を前提にした評価は、…です。」

　これでは、何も面白くない、表をそのまま載せたほうがよいじゃないか、と思うかもしれません。いずれの指摘もそのとおりで、実際この部分を表にして、文書の中に埋め込んでしまってもよいでしょう。

　ただし、その表現を別の文章にコピペして活用したり、表を貼り付けるスペースがなかったりすれば、どうしても文章にまとめることが求められることがあります。そのようなときは、文章の場合にも、形を揃え、まるで表を見比べるように、プランAとプランBを容易に対比できるようにします。

　味気ない文章になったとしても、このように形を揃えることで、読み手は斜め読み可能になり、必要な情報を容易に検索できるようになるのです。

読み手を内容理解に集中させる

　形を揃えることは、さらに細かいところでも意識すべきです。

　例えば、52ページの例の②メリットの部分を見てください。複数の根拠を示すときに、「Xがあり、Yもあるが、Zも忘れてはいけない」と書くのではなく、「まずXという点。次にYという点。さらにZという点。」と書きます。読者は、「点」という単語が区切りとなって、XYZが対等に位置付けられた文章であることを、その形式だけから

瞬時に理解でき、読むのが楽になります。

　あるいは、２章の４で指摘した「なぜなら……そもそも」構文を使って根拠を挙げプランＡとプランＢの両方の形を揃える、あるいは、要素がたくさんあるなら箇条書きにして揃える、等の方法を用いて斜め読みをしやすくしましょう。

　このように、形を揃えると、読み手は情報の内容を把握しやすくなり、読むスピードも上がります。また、資料として情報を探す場合にも、同じ形の部分を見れば、プランＡと対応するプランＢの該当箇所にすぐに辿り着きます。

　このように、読み手を内容の理解に集中させる環境作りがビジネス文書には必要なのです。

☑ Summary

ビジネス文書は、文学や娯楽小説と異なり、情報伝達のツールでしかありません。だから、読み手の負荷を減らすようにします。

【読み手のために形を揃えた文章】

件名：	ご質問の件（Aプロジェクトの状況）

大上さま

お疲れ様です。

状況
二つのプランが比較検討されています。

プランAは、以下のとおりです。
　①概要は、…です。
　②メリットは、まずXという点。次にYという点。さらにZという
　　点。です。
　③デメリットは、…です。
　④導入の問題は、…です。
　⑤以上を前提にした評価は、…です。

プランBは、以下のとおりです。
　①概要は、…です。
　②メリットは、まずxという点。次にyという点。さらにzという
　　点。です。
　③デメリットは、…です。
　④導入の問題は、…です。
　⑤以上を前提にした評価は、…です。

　法的なリスクは、いずれも似たようなものなので、もう少しプラン
が固まってから検討すれば十分ですが、今後の検討次第で状況が変わ
りえますので、引き続きフォローしていきます。

法務部　芦原一郎

7 頭を冷やせ

熟成させて良い文書に仕上げる

気持ちが出すぎるとダメ

　どんなに冷静に文章を書いているつもりでも、文章に余計な思いが入ってしまうことが多く、出来立ての文章は大抵どこか不完全です。

　それは、例えば盛りだくさんで長すぎる文が続く、趣旨が一貫しなくなる、文の途中で主語が変ってしまう、反対意見と賛成意見が何度も入れ替わるなど、症状としては様々な形で現れます。

　これは、書き手の気持ちが前に出すぎた部分です。一所懸命調べたり考えたりした部分ほど、このような症状が出やすい、ということは、どなたでもイメージできることでしょう。

気持ちがないのもつまらない

　最初から客観的な視点で冷静に文章を書ければよいのですが、それを狙いすぎると、気持ちの入っていないつまらない文章になってしまいます。やはり、皆で作り上げていくビジネスに対し、それをより良くしたいという自分の思いは、他のメンバーにも共有してもらいたいものです。気持ちも大事なのです。

　そこで、ビジネス文書としての情報伝達機能と、自分の思いを伝えることの両立を考えましょう。仕事だからと言って、自分の思いを切り捨てていては、仕事が辛くなるだけです。また、自分の中で両者の

折り合いがつくまで文章を書かない、となるといつまでも文章を書き始めることができません。

　だから、まずは自分の思いを伝えるという観点で熱が冷めないうちに文章を書いてしまい、その後に、ビジネスとの折り合いもつけるために手を加える、という意味で二兎を追い、高みを狙いましょう。ビジネスは、情報だけで成立するものではなく、関わる人たちの思いや熱意が大切なエネルギー源だからです。

　この観点で、ビジネスへの自分の思いを込めつつ、しかし、客観的にビジネス文書として認められる文書を目指す上で、「熟成」し、客観化するというのは、とても有効な手法です。

気持ちが入った「良いビジネス文書」の作り方

　具体的には、熱が冷めないうちに、締め切りよりもできるだけ早く文書を作ってしまい、しばらく寝かせます（熟成）。そして、締め切りの前に、もう一度、丁寧に文章を読み直し、ビジネス文書としての冷静さを取り戻します。くどかったり、行ったり来たりの表現が多かったり、結論がわかりにくかったりして、思わず苦笑してしまうこともあります。そこで、手直しする際、本書でも検討しているような、ビジネス文書としてのツールやノウハウを活用していけば、最初の原稿に込めた自分の思いや熱意を、ビジネス文書の形式の中で活かすことが可能になるのです。

　このような手法が活きるのも、パソコンで文章が作れるからです。手書きではなくパソコンで作文するからこそ、寝かせた後の大幅な手直しも怖くないのです。

　さらに、この「熟成」こそ、文章をより気軽に書き始めてしまおう、という発想を後押しします。

　つまり、まずは気軽に書き始めて、自分の思いを中心に文章を作れ

ばよいのです。最初からビジネス文書としての客観性や形式にこだわる必要はありません。ビジネス文書として仕上げるのは、自分の頭をクールダウンしてから改めて行えばよいのです。

　違う言い方をすれば、熱意のある自分と、冷静な自分という、二人の自分が、共同して一つの文章を作り上げるイメージです。最初から完璧なライターを目指すよりも、複数の違った感性を盛り込むほうが、深みや説得力が出てくるはずです。

☑ Summary

まずは、自分の思いを文章にしてしまいましょう。その後、少し寝かせて読み直し、冷静に手直しすれば、自分の思いと折り合いがついた、ビジネス文書に仕上げられます。

ツールの使い分け

チャット・メール・ワード

 チャットの使い方

　情報の記録・伝達・共有手段は多様化しています。

　例えば、チャットの場合、簡単な相談とその回答を、作業の片手間に会話表記の形でやり取りできます。

　相談を受ける側も、簡単な文章を入力するレベルであれば、作業の中断も少なくてすみます。電話をかける場合よりも相手の作業を中断させる影響は小さいでしょう（もしかしたら、退屈な会議中であれば、内職してくれるかもしれません）。

　けれども、チャットのやり取りを記録として残すことはあまり現実的ではなく、もし記録に残すのであれば、メールやワードのほうが適しています。チャットは会話の記録が時系列的に積み重なっていくだけなので、複数の話題が並行して進んでいる場合などには、後から必要なやり取りを探し出すのは、至難の業です。

　チャットは、「この間送ってもらったファイルを回答するためのパスワードをもう一度教えて」「さっき送ったメールへの回答期限は一応来週と書いたけれど、なるはやでお願い」等の、特段記録に残す必要のない内容のやり取りに適しています。

　なお、聞いてくる側は簡単だと思っても、回答する側にとっては難しい場合があります。そのようなときは、「少し時間ください。追ってメールで返します」等の形で、媒体を切り替えるとよいでしょう。

記録に残しておきたいからです。

メールの使い方

　チャットと比較すると、メールの場合、「今すぐに回答して」というよりも、「後でもよいから手の空いたときに返してくれれば」という緊急度が低い際に使いやすいです。しかも、メールを分類してフォルダで保存しておけば、やり取りの記録が残せます。

　つまり、情報のやり取りの状況、というフローを記録に残しておくのに非常に便利です。

　けれども、「あのときこんなことを言っていたはず」というような議論や記録の情報を探し出すのは意外と面倒です。メールでやり取りした結果を後から記録にまとめようとすると、チャットの場合よりは探しやすいかもしれませんが、それでもメールをひっくり返さなければならないからです。

　単なるやり取りではなく、やり取りをしながら文書や資料を共同作業で作る場合には、メールでの質問や回答をワードに適宜反映させながら（修正履歴やメモ（吹き出し）機能を活用しながら）でないと、後々大変です。内容を伴う議論のやり取りの場合には、ワードファイルをやり取りし、お互いにワードファイルに記入しながらのほうが楽でしょう。

ワードの使い方

　このように利用法を分析してみると、特に正確性や記録化が期待される法務部の文書は、ワードでやり取りするのが基本となるでしょう。

　その上で、文書の内容だけでなく、文書に関するやり取りの経緯まで記録に残す必要がある場合には、文書ファイルをやり取りした際の

メールのやり取りも記録することになります。

　チャットは、これらの補助的なやり取りにとどまるでしょう。

　けれども、チャットをメールのように使う人たちもいますし、チャットも記録として残せる機能が充実してきました。両者の区別は相対的です。今後も、様々な媒体が開発され、利用されることと思いますが、伝える情報の機能や目的に応じ、各媒体の利用法を考えるようにしましょう。

☑ Summary

　文書それ自体が重要なのか、その作成や交付に関するやり取りが重要なのかなど、場面ごとの違いを考えて使い分けましょう。

ツールの使い分けの例

1. チャット
   打合せの予定をリマインドする
   忘れた相手会社の担当者の名前を同僚に聞く
   出先から郵便物の中身を見てもらうよう、同僚に頼む
   留守中に電話があったことを伝えてもらう

2. メール
   ご馳走になったお礼をする
   スケジュール調整などの案内をする
   文書や資料を送付する
   承諾をもらう

3. ワード
   議事録を作る
   論点メモを作る
   契約書を作る

第 3 章

会社を守るプレゼンができる
資料作成のポイント

資料のミッションは何だ？

リスクを回避するか、リスクに立ち向かうか

 法務部が作る「資料」とは

　法務部が作る資料は多様です。

　一般的に資料と言われて思い浮かべるプレゼン資料以外には、例えば、法務部の業務内容とそれにかかった時間を統計的にまとめた資料、訴訟事件に関する社内文書をかき集めて整理した文書一覧、ハラスメント事案の加害者・被害者間でやり取りされたメールの一覧など、純粋な記録も資料です。

　なぜなら、このような記録は、会社の対応が適切であったことを証明する重要な資料になり、そのためには、ただ淡々と何の政治的な目的や意図もなく記録が作られ続けてきた、という正確性や網羅性等が重要だからです。むしろ、記録作成者の主観や裁量がないからこそ、資料としての信頼性が高まるのです。

　本書の書名は「作成術」と銘打っていますので、作成者の裁量が入らない純粋な記録資料ではなく、裁量が重要になるプレゼン資料を本章で検討します。

 資料の目的から逆算せよ

　プレゼン資料と言っても、その種類は多様です。

　法務部が社内向けに研修を行う場合の資料がイメージしやすいでし

ょう。他には他部門のプレゼンの資料に添付するような場合もあれば、部内研修の資料の場合もあります。また、研修等ではなく社内でのプロジェクトの検討会議での検討資料や、役員会などへの報告資料もあります。

このような場面に応じた資料の種類ごとにどのようなフォーマットにするのか、図や文字のバランスをどうするのか、分量はどうするのか等の形式面だけ見ても、それぞれの会社ごとの状況等に応じて多様です。

ここでは、プレゼン資料の目的や獲得目標を中心に検討するほうが、汎用性や応用可能性が高いでしょう。なぜなら、1章の1で検討したように、文書や資料は、その目的や獲得目標（ミッション）から逆算して作成するのが合理的だからです。

 ## 資料の目的・獲得目標

では、法務部の作成する資料には、実際にどのような目的や獲得目標があるでしょうか。

一つ目の目的は、リスクの存在や種類、特徴などをビジネス側に知ってもらい、リスクを回避してもらうことです。

これは、法務部の研修で最もイメージしやすい目的でしょう。例えば、管理職向けのハラスメント研修、営業部門向けの談合・贈賄関連の研修、役員向けの役員責任研修等です。

これらの研修では、①このようなリスクがある、と理解させ、リスクに対する感度を高める狙いがありますから、リスクセンサー機能を高めることが目的です。②さらに、リスクに気づいた場合の対応方法の理解と実践も狙っています。特に、リスクを取らずに避けることが中心となりますが、この意味で、リスクコントロール機能のうちでも、リスクの回避が重要な目的となります。

二つ目の目的は、リスクを知ってもらう点は一つ目と一緒ですが、その上でビジネスとしてリスクを取りにいくことです。

　例えば、関連部門が集まるプロジェクト会議で、プロジェクトをどのように進めるのかを検討する際に、検討すべき課題を各部門が持ち寄る場合の法務部の資料を考えてみましょう。関連部門に対し、法的リスクを知ってもらった上で、それでもリスクを取ってチャレンジするためには、どのようにリスクコントロールするかを考えてもらうのです。

　次ページの見本は社内研修向け資料で提示する、検討すべき課題を「思考過程」として示しています。まずは参加者自らリスクに気づくようになってもらうことを目的・獲得目標としています（※の部分）。法務が全てのリスクに気づくのは不可能であり、それぞれの持ち場でこそ気づいてもらわなければならないからです。

☑ Summary

　資料には、リスク回避を目的にするものと、リスクを取ってチャレンジすることを目的にするものの二パターンがあります。

他部署にリスクを伝えるための思考過程

1．××なリスクはないのだろうか。
　　→　事業部門にリスクの有無や内容、程度を聞く。
　　※　自覚してもらう。

2．××なリスクはどこまで減らせるか。
　　→　事業部門にリスクの減らし方を聞く。
　　※　自覚してもらう。

3．××なリスクはビジネスチャンスになるか。
　　→　事業部門に儲かるか聞く。
　　※　自覚してもらう。

4．××なリスクを取るか避けるか。
　　→　事業部門にどうしたいのか聞く。
　　※　自覚してもらう。

5．上記1〜4を、検証する。
　　→　役員や営業・企画部門などに聞く。
　　※　現場が保身に走っていないかを判断する。
　　→　コンプライアンス担当や監査などに聞く。
　　※　現場が無責任でないかを判断する。

2 パワポも構成力勝負

イラストに甘えない

 文章とパワポのどちらが難しい？

　「文章は難しいが、パワポは簡単だ」と言う人がいます。しかし、私は逆だと思います。

　というのも、文章の場合には、単語が並ぶだけでなく、それらの相互関係が全て例外なく示されるので、正確性が構造的に一定程度担保されています。ですから、正しい単語を選びさえすれば、重要な単語の相互関係も文章によって当然に示されるので、正確性や、紛争から会社を守るシールドとしての防御力は、一定程度確保できます（1章の3参照）。だからこそ、伝わりやすさや具体性を示すこと（1章の3、1章の5参照）に神経を注ぐことができるのです。

　しかし、パワポの場合には、（文章を長々と書き込む場合もありますが）基本的には、単語が並ぶだけで、それらの相互関係は図や矢印で示されます。絵として頭にイメージをそのまま伝えられるのが強みですが、その分、正確性やシールドとしての防御力は格段に低下します。

　例えば、会社のステークホルダーを描いたパワポで、会社を中心に、株主、従業員、その家族、取引先、顧客、社会、監督官庁、などの関係者が会社を取り囲む図を見たことがあるでしょう。

　これを文章にする場合、もちろん箇条書きでステークホルダーを列挙するだけであれば、パワポと変わりませんが、箇条書きの他に一言

だけでも、どのような関係があるのかコメントをつけるだけで、それぞれのステークホルダーと会社との関係の違いが示されます。

単語の羅列に終わってしまいがちなパワポの資料だからこそ、伝わりやすさと正確性の両方に配慮しながら作成しなければならないのです。

 ## パワポの構成力とは？

だからこそ、パワポの場合には、文章の場合よりも一層、構成力が重要になります。

パワポの構成力と言うと、図の書き方やページレイアウトのことだ、と感じるかもしれませんが、それに限りません。

例えば、賄賂規制に関する諸外国の規制と、会社業務への規制の影響、という二つを説明する場合、日本の規制から説明するのがよいのか、それとも欧米の規制からかという順番を考慮する必要や、会社業務への影響を説明するのに、具体的にどのような事例を示すのか、のように盛り込む内容を吟味する必要もあります。

このように、各ページのレイアウトの問題だけでなく、資料全体の構成なども重要です。

 ## 順番を逆にするだけで印象は大違い

なぜ、パワポの構成が重要なのでしょうか。

パワポは「紙芝居」に例えられますから、紙芝居になぞらえて構成の重要性を理解しましょう。

そうすれば、例えば話す順番が違うだけでも、聞き手に与えるインパクトが随分変わってくることを理解できるはずです。

例えば規制対応を啓発する資料だとすると、賄賂規制対応を皆がし

っかりやるように、という話の後に、自社や他社の失敗事例を説明すると、「やれと言うけれど結局無理じゃないか」と思う人が出てきそうです。ところが、先に自社や他社の対応の失敗事例を説明し、その後に、どのようにこれを回避できるのか、という話を盛り込み、対応をしっかりやろうと説明すれば、聞いた人を、対策を講じようという気にさせやすいでしょう。

　まずは聴衆に危機感を抱かせておいてから、中身の話をする、というのはビジネス研修の基本的なパターンで、あまりにもベタですが、パワポの構成が重要であることを、端的に示しているのです。

☑ Summary

パワポも、文章と同様、構成力が重要です。それは、一枚のパワポのレイアウトの問題に限らず、資料全体の問題でもあります。

3 パワポも三段論法

ページごとの役割

 ## 三段論法のおさらい

　パワポの構成にとって最も重要なツールは、文章の場合と同様「三段論法」（2章の2参照）です。

　法務部の文書・資料で三段論法が重要なツールである理由は、①法的な文章がほぼ全て、原則として三段論法に則っていること（その要素の一部をあえて省略することもあります）、②三段論法はワンパターンであること、の二つが理由です。

　ここで三段論法のおさらいをします。まず裁判官の書く判決だけでなく、弁護士の書く意見書や、法的なアドバイスまで、全て「ルール」の内容と、具体的な「事実」の問題の関連性の上で議論されます。実際、三段論法の構造を見てみると、大前提（ルール、規範、抽象的一般論）に対し、小前提（事実、あてはめ、具体的個別論）がぶつけられ、結論が示される、という三つのパートから成る論証です。

　このように、法的なリスクに関する限り、他人に何かを伝えるための文章を作る場合、一般的抽象論と、具体的個別論な問題と、結論の三つに分類してまとめれば、構成として完璧な文章が出来上がるのです。

一枚のシートでの三段論法

　まず、一枚のシートのレイアウトに三段論法を活用してみましょう。例えば、カルテルの問題を営業担当者たちに説明する場合です。

　78ページの三枚のシートのうちの真ん中のシートを見てください（82ページ一枚目のシートも同様）。三段論法なので、三列の表になっています。この例では、大前提（ルール）にあたる要件が「共同」「相互拘束」「競争制限」の三つなので、三行×三列の表になります。

　大前提（ルール）にあたる「共同」「相互拘束」「競争制限」の三つの要件を、左側に縦に間隔をあけて並べます。

　次に、小前提（事実）にあたる具体例を、それぞれの右側、シートの真ん中部分に、上から並べる形で列挙します。「共同」の右に「協定」「他の事業者の値上げの認容」、「相互拘束」の右に、「ペナルティ」「紳士協定」、「競争制限」の右に「価格合意」「他社追随」、のように記載します。

　最後に、右側に「法的な責任」（法律効果、すなわちペナルティ）と、同時に発生する「社会的な責任」（風評リスク等）を、シートの右側に列挙します。

　いかがですか？　三段論法をそのまま行列の表形式にするだけで簡単にシートが作れました。三段論法はワンパターンですから、どんな法的リスクを説明する際も、全く同じフォームでシートを作ることができます。

 ## 複数のシートでの三段論法

　上記のように、一枚のシートで三段論法を可視化する場合もありますが、複数のシートにまたがる場合こそ、三段論法のわかりやすさや使いやすさが活かされます。三段論法はワンパターンでシンプルなの

で、複数のシートに分けても、それぞれのシートの役割を比較的容易に理解できるからです。すなわち、一般論などの抽象的な問題は全て大前提（ルール）、会社で問題になっていることなどの具体的な問題は全て小前提（事実）、法律効果や社会的な影響は全て結論、と三つのパートで検討されることが決まっているので、複数のシートに分かれても、今、全体の中のどの部分を議論しているのか、ということを読み手に理解させることが比較的容易だからです。

　そもそも、法務部が伝えるべきことのほぼ全てが、法的リスクに関するものである以上、三段論法で説明されます。つまり、法務部が伝えることのほぼ全ての構成自体が、シンプルにできているのです。資料作成の場面でも三段論法を心がけましょう。

☑ Summary

文書作成の基本ツールである三段論法は、資料作成でも基本ツールです。それは、シンプルで使いやすく、わかりやすいからです。

法務のパワポあるある

文字に頼るのはやめよう

 読めないよ

　法務部がパワポでプレゼンすると、他部門の参加者から画面の文字が読めないと文句が出ることがあります。パワポの字が小さすぎる、つまり、文字数が多すぎることが問題です。

　実際、法務部にプレゼンさせたときに、条文や政省令、ガイドライン、判例などの文字資料を、原文を一段落そのまま貼り付けているページが続き、そのうち全員が投影された画面を見ずに手元に配られた資料だけを見る、というプレゼン風景をよく見かけます。

 文字が多いだけで伝わっていない

　法務部は、正しい抽象的な概念を、隙がないように組み合わせて使いこなすことが必要ですから、どうしても「正しい」理解をしてもらおうと張り切ってしまい、文字だらけの難しい資料になってしまうのです。

　問題なのは、「文字で書いておけば伝えるべきことは伝えた」と考える法務部の発想に反し、プレゼンを受けている現場からの参加者は、結局法務部が伝えたいと思っていることを理解してくれていない場合が多いという点です。

　この要因は、参加者がプレゼンの場では、話を聞きながら文字資料

を眺めるだけで、後で資料を見ればいいと考えて本気で説明を聞かない。実際には後で資料を見ることもない。そのため、結局は理解も中途半端になってしまうからです。

「手元に置いてもらえば後で読んでもらえる資料になるという期待は多少あるが、他方、プレゼンの場で理解してもらうという点はほぼ期待できない」というのが、プレゼン資料を文字だらけにしがちな、法務のプレゼン資料あるあるです。

プレゼンの目的は？

たしかに、「後で読んでおいてください。その際、ここで少しでも話を聞いておけば、理解しやすいですよ」と伝えるだけの目的であれば、文字だらけの資料でプレゼンをすることは全く無意味ではありません。

けれども、法務部の役割は、会社全体のリスク管理能力を高めることにあり、そのためには現場の感度を高めることが重要になります。普段の業務で、抽象的な概念やリスク管理の在り方を考えることがない人に対して、法務部が伝えるべきことは、文章から得られる知識ではなく、もっとリアルな、文字だけでは決して理解できないセンスや具体的なイメージでしょう。

研修でも、せっかく法務部が直接話をするのですから、読んでください、という文字で示すだけの知識ではなく、簡単には得られない法的リスクに対する感覚を理解してもらうべきでしょう。

そのための研修として考えると、伝えるべきは文字情報ではなく、イメージです。

このことは、会社組織を人体に例えればよく理解できます。

すなわち、人体は体全体に神経が張り巡らされているため、蚊に刺されたような軽微な情報も、脳が察知します。この仕組みがあるから

こそ、人体は深刻な危険を未然に回避できるのです。

　このように、リスクセンサーとして機能すべきは、社会と接触する全従業員ですから、現場部門の人たちに、リスクの感覚が共有できるようにイメージを伝えるべきなのです。

　そのため、プレゼンの資料も、「正しい」けれど抽象的で難しい言葉よりも、イメージがすぐに共有できるような、「具体的」でリアルな図やイラストを上手に使うことが必要です。

　「難しいことをやさしく伝えることが大切」ですから、「正しい」理解という面を多少犠牲にしても、すなわち多少不正確で誤解を与える危険を伴うにしても、イメージを共有できるよう上手に図やイラストを使いこなすスキルが、法務部にこそ必要なのです。

☑ Summary

プレゼンでは具体的でリアルなイメージの共有が大切です。パワポこそイメージの共有にぴったりのツールなのです。

シートに役割分担させる

何を重視するのかを決める

 「正確さ」と「イメージ」はパワポで両立できるか?

3章の4で、イメージを伝えるべきだ、という話をしました。

とは言うものの、「イメージだけを伝えると、伝えられた側の現場のビジネスパーソンが都合よく解釈して、本来の意図と違うことをしないか」という心配を、法務部員から聞くことがよくあります。

たしかに、イメージを伝えると現場の感度は上がるかもしれませんが、曖昧な部分で誤解を招く危険性も高く、その点、抽象度の高い概念を使って隙のない資料を作れば、揚げ足を取られにくくすることができます。

しかし、後者の資料だけでは現場のリスクセンサー機能を高めることができず、法務部のプレゼン資料として目的を達成できません。

「正確さ」と「イメージ」の両者を両立させる表現方法はないでしょうか。

 忍法「開き直りの術」

そこで考えられるのが、両者の中間の表現にすることです。ほどほどに正確で、ほどほどに具体的にイメージできるというレベルの表現を模索するのです。

けれども、それでは結局、「帯に短し襷に長し」になる可能性が懸

念されます。イメージが伝わるかと言うと、はっきりそうとは言い切れず、かと言って、誤解されずに揚げ足を取られないほど正確かと言うと、はっきりそうとは言い切れない表現になる可能性があります。

　そこで、パワポのシート一枚で両方の目的に合致させることは諦めて、それぞれを目的とするシートを別に作りましょう。忍法「開き直りの術」です。

　例えば、3章の3の中盤では、一枚のシートで三段論法を示しました。このように、一枚におさまるよう要約し、不正確は承知の上で(伝えたいことを要約すれば、その分、不正確な部分が増えます)、わかりやすさやイメージの伝わりやすさを重視する場合です。

　上記のように全体を把握してもらいたい場合とは逆に、例えば、そのうちの「小前提(事実)」に該当する具体例を、もっとたくさん知ってもらいたい場合があるでしょう。その場合には、他社事例や裁判例などを、文字だらけになってしまったとしても、正確性を重視して、重要部分をそのまま引用することが考えられます。

　さらに、プレゼンの聴衆が管理職レベルであれば、同じ資料の「大前提(ルール)」部分について、ガイドラインや裁判例などを正確に理解してもらうために、重要部分をそのまま引用することが考えられます。

　このように、プレゼンの中で「聞いて」理解してもらうシートと、「読んで」情報として活用してもらうシートに、分けてしまうのです。

開き直った上でのプレゼン

　この手法によるプレゼン資料として78ページの見本を見てください。

　3章の3と同じくカルテルのリスクを説明する例で言えば、まず、聴衆にカルテルのルールの構造をイメージしてもらいます。そのため

には、一枚のシートにまとまっているほうがわかりやすいので、大前提・小前提・結論を三列で示すシートで、イメージを伝えます（見本の二つ目のシート）。三段論法の全体構造が、一枚にまとめられた、「聞いて（見て）」もらうシートです。

　次に、プレゼンの中で特に深く理解して欲しいポイントについては、正確性も大事になりますから、その部分だけを説明するシートを別に準備します。ここは「読んで」もらうシートです。見本のパワポ資料では、カルテル対策の基本として、特に意識して欲しいポイントをこのシートにまとめています（三つ目のシート）。他には例えば裁判例やガイドラインの記載とその内容を、丁寧に説明する場合もあります。

　このように、イメージや問題意識を共有することを優先順位一番、正確性を二番、と位置付ければ、プレゼン資料もかなり作りやすくなるはずです。

☑ Summary

　様々な獲得目標を一枚に詰め込みすぎると、伝わらないパワポができてしまいます。イメージのシート、情報のシート、と役割を分けて作りましょう。

【役割分担をさせたシートの例】

〈カルテルの影響〉

  1、法的な責任

    ・　…

  2、社会的な責任

    ・　…

                                               1

〈カルテル規制の構造〉

（ルール）	（事実）	（結論）
共同	協定	
	値上の認容	
		・法的な責任
相互拘束	ペナルティ	…
	紳士協定	
		・社会的な責任
競争制限	価格合意	…
	他者追随	2

〈カルテル対策の基本〉

  1、李下の冠

    …

  2、報連相

                                               3

6 シートに緩急をつける

メリハリが大切

シートの役割に合わせた時間配分を

　パワポは、プレゼンの補助資料です。ただ配るだけで終わるのではなく、プレゼンの話を聞く際の理解を補助するのが目的です。

　そこで、研修・講演という観点から見て、実際に話をしながらパワポ資料を示すことをイメージし、そこからパワポの構成や記載内容を逆算するとより良くなります。

　例えば、プレゼン全体の所要時間を設定するために、各自パワポ一枚当たりの説明に何分かかるかの見通しを得ておくことが重要です。時間が足りなくなったり、逆に余り過ぎたりすることを防げるからです。

　その際、全体の平均時間を出すだけでなく、例えば3章の5で検討したように、聞かせるシートと読ませるシートが分かれている場合は、別々に平均時間を出すことも重要です。

　シートごとに役割が違うので、プレゼンの準備の際の目安として用いられる「1ページ何分か」という視点を全ページに当てはめると、下手をするとメリハリを奪う原因になり得るので、平均時間という視点の限界には注意しましょう。

話し方にも緩急を

さらに、研修の際には緩急をつけると効果的です。

緩急のつけ方の一つが、聞かせるシートと読ませるシートの区別です。聞かせるシートでは文字数が少ないのに、時間をかけて話します。「緩」に該当します。

一方、読ませるシートでは、後で読んでもらえばよいので、文字数が多いのに、あまり時間をかけません。「急」に該当します。

他に、「急」に該当する部分としては、具体例を一つ示しそれと同様の事例や裁判例についてポイントだけ要領よく説明する場合や、社内での業務に活用すべきアイディアについて、社内での応用例を、そのアイディアだけ要領よく説明する場合などがあるでしょう。論証の根拠となる事象や具体例を複数示したほうが説得力があがるし、その説明のテンポが良いと、聞く側も内容が頭にすっと入ってくるからです。

このように、「緩」と「急」を意識したパワポを準備すると、メリハリのついた内容になるのです。

 ## 「急」のシートの作り方

「急」の部分のシートの作り方をここでは説明します。もちろん、文字たっぷりなだけではないことはわかるでしょう。

例えば、裁判例を紹介する場合には、裁判年月日の表記や事例の概要、判旨のポイントなどを記載します。その際シートのレイアウトや構成を揃え、判旨のポイントの、強調すべきキーワードを太字にするなどして、駆け足のプレゼンでもちゃんとポイントが印象的に残るような工夫をしましょう。じっくりと時間をかけられない「急」の部分だからこそ、一層メリハリが重要なのです。

82 ページの見本で言えば、「急」の部分は二枚目になります。ここでは、裁判例をそのまま引用し貼り付けていますが、例えばこの中で、一枚目でキーワードとした「自由な意思」「合理性」「客観性」の三つのキーワードに当たる部分だけ色を変えたり、鍵かっこをつけたり、ラインマーカーをつけたりするなどメリハリがつくよう工夫をするとよいでしょう。

　また、「急」の部分はできるだけ形式を揃えます。

　例えば、見本では三枚目のシートで判例のポイントを指摘していますが、この後、別の判例を挙げて同じようにポイントを指摘するシートが複数枚も続く場合には、章番号とタイトルをつけて形式を揃え、説明部分も、全て箇条書きにするなど、一見して比較できるように形式を揃えます。

　そして、このように資料にメリハリがつけば、実際に話をする研修の際も、メリハリをつけて話をしやすくなります。

☑ Summary

パワポは研修等の理解を助ける資料として作る場合が多いです。研修の場での研修内容の緩急に合わせて、資料も緩急を意識し、メリハリをつけましょう。

【緩急をつけたシートの例】

〈山梨県民信組事件の構造〉

（判断枠組）	（事実）	（結論）
自由な意思	強制不存在 誘導不存在	
合理性	不利益程度 説明内容	・法的な責任 …
客観性	客観的資料 議事録等	1

〈資料〉 最高裁判決

　就業規則に定められた賃金や退職金に関する労働条件の変更に対する労働者の同意の有無については、当該変更を受け入れる旨の労働者の行為の有無だけでなく、当該変更により労働者にもたらされる不利益の内容及び程度、労働者により当該行為がされるに至った経緯及びその態様、当該行為に先立つ労働者への情報提供又は説明の内容等に照らして、当該行為が労働者の自由な意思に基づいてされたものと認めるに足りる合理的な理由が客観的に…

2

〈判例のポイント〉

　１、退職金規程の変更

　２、一般的な商取引

　３、どこが境界か？

3

あえて未完成資料を提出する

皆で仕上げよう

保守的で手堅い資料

　3章の5・6で、研修等に使うパワポ資料を主に念頭において検討しましたが、ここでは、会議に使うパワポ資料を念頭におきます。

　会議資料は、各部門の役割分担につながります。それは、責任の負担にもなります。したがって、各部門が資料を持ちよる場合、保守的に、余計な仕事を押し付けられないように、慎重に言葉を選んで資料を作る場合が多いように感じます。

　法務部も、これと同様の発想で会議資料を作成する場合が多いようですが、ここでは、違う観点の会議資料の作成を提案します。

皆で作り上げる資料

　これから説明する会議資料とは、不完全（未完成）な資料です。あえて、不完全な資料を会議資料として提出するのです。

　どういうことかと言うと、会議の参加者に一緒に仕上げてもらうのです。それは、例えば役割分担についてかもしれません。あるいは、業務プロセスについてかもしれません。

　時には、責任の押し付け合いになるような険しい雰囲気になる話題かもしれませんし、和気あいあいと楽しく議論が弾む話題かもしれません。

けれども、せっかく会議で関係者が集まるのですから、それぞれの言いたいことをまとめた資料をぶつけ合って終わりにするのではなく、より建設的なことを話し合い、形にまとめたいと思いませんか？

皆で議論し、皆で資料を作っていけば、デュープロセスを満たすことにもつながるのです。

法務部だからこそできる手法

こういった資料を作れるのは法務部だからこその役割によります。

どういうことかと言うと、法務部は会社の法的リスク全般について、会社が適切にリスク管理できるようにするのをサポートするのが仕事だからです。ここでのポイントは、サポートするのが仕事であって、例えば契約書を活用してリスクコントロールしたり、現場での異変に気づいたりするのは、それぞれの所管部門の仕事であって、法務部の仕事ではないという点です。

つまり、多くの部門の業務に首を突っ込み、口を挟むが、業務自体には責任を負わない（もちろん、専門家としてアドバイスの内容等に対しては責任を負います）、という「遊軍」のような立場の法務部だからこそできるのです。部門同士で押し付け合って処理しかねている責任問題や、事情があって詳細を決め切れないプロセスなどについて、間に立って直接議論する場を作り、落としどころを探す「仕切屋」の役割を果たせるのです。

これは、社会的に見れば裁判所や仲裁機関の役割と同じです。つまり、第三者だからこそ、間を取りもつことが可能なのです。

しかも、単に間を取りもつのではなく、リスクコントロールの観点から、取りもつ議論の場自体がデュープロセスを尽くすことになるように、上手に議論をリードすることが期待されるのです。

例えば、86ページの見本を見てみましょう。

一枚目は「リスク出し」とし、議論すべき論点が箇条書きになっています。中身は会議参加者が皆で議論しながら埋めていきます。実際の会議の場では、何が最悪のシナリオだろうかなどをお互いにざっくばらんに言い合えれば、他部門間の思惑の壁を壊すことも期待できます。

　さらに、二枚目はリスクコントロールの方法の知恵出し、三枚目はそれを実現すべき組織やプロセスのまとめ、を論点だけ同じ形式で箇条書きにしておきます。

　このように、大きな方向性について関係する部門のコンセンサスをとるツールとして、未完成の資料が活用できるのです。

☑ Summary

未完成の資料は、他部門が集まる会議での、皆で仕上げる作業のたたき台として活用できます。法務部ならではの資料活用方法です。

【皆で仕上げる未完成資料のシートの例】

〈リスク出し〉

  1、個人情報関連

   ・扱う情報の秘密性：★要検討

  2、システムの安定性

   ・トラブルの態様：★要検討

1

〈知恵出し〉

  1、個人情報関連

   ・組織的措置：★要検討

   ・人的措置：★要検討

   ・物理的措置：★要検討

   ・技術的措置：★要検討

  2、システムの安定生

2

〈役割分担・プロセス〉

  1、個人情報関連

  2、システム関連

3

8 一枚一論点が理想？

資料作成のポイントのまとめ

 一枚一論点が基本

パワポ作りでは「『一枚一論点』を心がけろ」と言われることがあります。これは、非常に適切な言葉だと思います。

文字だらけになりがちな法務部のプレゼン資料を読みやすくするために、まずは論点ごとに分けてそれぞれを一シートにします（3章の5参照）。それだけでぐっと理解しやすい資料になります。

詰め込みがちな人は、「一枚一論点」で実際に作ってみると、隙間だらけで不安を感じるかもしれませんが、隙間があっても構いません。場合によっては、単語カードのようにキーワード一つだけのシートができてもよいのです。

ただ、「一枚一論点」は目安ですので、これが絶対のルールではありません。例外もあるので、もっと柔軟に考えなければなりません。

 構成を見せるシート（例外①）

構成を見せるシートは「一枚一論点」の例外の一つです。

これは、例えば冒頭に「もくじ」「ルートマップ」といった大見出しを付けたシートをおいて、プレゼン全体の流れを見せます（109ページの見本参照）。これによって、聞き手に大局的な視点を持ってもらえるのです。

また、構成を見せるシートは３章の５の見本のように、三段論法を使って複数の法律上の論点を一枚のシートにまとめる方法も当てはまります（78 ページの真ん中のシートを参照してください）。この見本では一枚のシートの中に、カルテル違反の構造の説明の多数の論点が掲載されています。

　このように、一枚のシートに複数の論点が示される構成は、それが論点相互の関係を示したり、大局的な視点を与えたりする場合には、聞き手の理解を深めるために役に立つので、非常に有効です。

論点の一部だけを示すシート（例外②）

　論点の一部だけを示すシートも「一枚一論点」の例外です。

　例えば、法的リスクを説明する際、ビジネス側が対策を講じるためのヒントになる様々な概念を、法務部が裁判例の中から探して提案するとしましょう。78 ページの見本と同じカルテル違反のリスクの例で言うと、「相互拘束」の意味について、どのような事例でこれが認められ、逆に否定されたのか、裁判例やガイドラインの中からヒントになる言葉を拾い上げます。これらの言葉が、対策を考えるヒントになるからです。

　その場合、全ての裁判例やガイドラインの解説を一枚のシートにまとめてしまうと、それこそ「文字だらけ」になってしまいます。

　そこで、キーワードごとにシートを分けたり、「一枚一裁判例」にしたりして、見やすくするのです。

　例えば、90 ページの見本を見ましょう。カルテルの「共同」の意味について、二つのシートに分けています。まず、一枚目が「大前提」に該当するシートです。「共同」についてのルールが論じられます。

　次に、二枚目が「小前提」に該当するシートです。様々な事例から、実際にどのような事例がどのように「共同」だと評価されるのかを知

り、実際の運用を実感することが、リスクを見極める上で重要だということを示します。

このように二つのシートに分けた上で、さらに、「共同」に関する裁判例も、より細かい論点に分類できますから、その細かい論点ごとに裁判例を整理し、シートをより細かく分けていくこともあるでしょう。

ここでの検討からわかるように、「一枚一論点」は、例外も認めて上手に活用すべきツールです。

大事なことは、この3章で検討したように、目先の表現にこだわるだけでなく、わかりやすい構成を考えること、その際、三段論法を常に意識すること、イメージを共有させることを重視すべきこと、緩急やメリハリをつけること、等です。

☑ Summary

「一枚一論点」は、文字だらけでわかりにくい資料になることを防ぐために有効なツールです。ただし、例外もあるので柔軟に活用しましょう。

【論点の一部だけを示すシートの例】

〈カルテル要件①：共同〉
  1、「共同」の意味（ルール）
   ・　…
   ・　…

  2、裁判例・ガイドライン
   ・　…
                               1

〈カルテル要件①：共同〉
  1、「共同」に当たるとされた事例
   …

  2、「共同」に当たらないとされた事例
   …

  3、ポイント
   …
                               2

〈カルテル要件②：相互拘束〉
  1、「相互拘束」の意味（ルール）
   …

  2、裁判例・ガイドライン
   …
                               3

第4章

具体例でわかる
相手に伝わる文書・資料の見本

1 検討状況を伝える文書

 三段論法での回答が基本

　事業部門からの質問に対する回答文書です。法的な正確さが重要ですから、法的なロジックを正しく伝えるために、三段論法（2章2）を明確に打ち出しています。

　すなわち、「1．ルール」＝大前提、「2．事実」＝小前提、「3．結論」＝結論、という三つのステップを、そのまま章のタイトルにして、議論の位置付けを明確にしています。

　この三段論法は、法務が、文書・資料作成時にだけ使うべきものではなく、むしろ会社の法的リスクの所在を現場と共有するためのツールとして、遠慮せずにどんどん活用しましょう。

　見本の文書のように、結論の後半部分で、法的な結論だけでなく、実際の対応プロセスに対する配慮も示します。事業部門が実際に自分で判断し、自分で行動できるようにサポートし、事業部門が責任と自覚をもって対応するように働きかけるとよいでしょう。

【検討状況を伝える文書の例】

令和○年○日○日

事業部　甲野様

法務部　芦原一郎

商品納入義務の件

お疲れさまです。
先日ご相談いただいた件について、検討状況をお伝えします。

記

1．ルール

　契約書上、発注のメールが当社に到着してから三日以内に回答しなければ、受注したことになります。
　ここで、メールが到着した初日を参入しないのが、日本の民法140条の定めるルールです。

2．事実

　先方からの発注メールが到着したのが、二月一日です。この日を算入せずに三日以内が回答期限ですから、回答期限は二月四日です。
　他方、我々が当該発注を受けかねる旨のお断りのメールを先方に送ったのが、回答期限内の二月三日です。

3．結論

　したがって、当社が契約を承諾したことにならず、当社は商品を納入する義務を負いません。
　まずは、このような法的状況の認識を先方と共有することが重要ですが、先方の反応次第では法的な対応も視野に入れた検討が必要になりますので、先方の反応についてご報告いただければ幸いです。

以上

2 正式な回答を保留する文書

 「たしかに……しかし」で議論を整理する

　事業部門からの質問に対し、直ちに回答を示せない場合の回答文書の例です。その場合でも、大前提となるルールや、小前提となる事実について、ある程度の認識を共有し、それによって問題点の概要の認識も共有した上で、打合せの機会を設定することで、事業部門の納得感を高めます。

　簡単に構成が組み立てられるツール（2章の4参照）のうち、「たしかに……しかし」を、実際に使ってみましょう。

　見本の文書ではまず、最初の「たしかに」で始まる段落で、質問者の立場に理解を示す（こうすることで、質問者に法務部（執筆者）の意見を受け入れてもらいやすくする）とともに、問題の所在を明確にし、執筆者と反対の見解を明示しています。

　次に、「しかし」で始まる段落で、執筆者の見解を示しています。

　このように二つの段落に、質問者と執筆者の二つの見解の根拠を整理できますので、議論がスッキリとまとめられます。

　結論部分の最後に、法的な勝ち負けだけの問題でないことも指摘した上で、今後のとるべき展開を明確にしています。

【正式な回答を保留する文書の例】

件名：	カルテル可能性の件

甲野さん

　お疲れさまです。
　ご質問の件について、検討いたしましたので、ご報告申し上げます。

　たしかに、賀詞交歓会の賑やかな場で、同業他社にそれぞれ就職した大学のサークル仲間と同じテーブルで話をしただけで、価格カルテルに該当する話題は一切なかった、ということですから、最終的に当社が処分や不利益を受ける可能性は小さいかもしれません。
　しかし、近年価格の値上げが予定されていること、賀詞交歓会の会場にはマスコミ関係者はじめ様々な人がいたこと、一緒に話をした他社の従業員がいずれも製品の価格決定に関与し得る役員の地位にあること、判例評釈によると、明確な合意がなくても、他社の値上げに追随する意向を匂わすだけで価格カルテルに該当し得ると解説されていること、等を考慮すれば、価格カルテルを疑われてしまうリスクが懸念されます。
　最終的に「シロ」になっても、疑われるだけで会社としては損失ですから、疑われそうになった際にどのように対応すべきかを検討するため、一度、打合せの時間をいただきたいと思います。
　お時間とお手間をおかけしますが、当方から伺いますので、今週中で可能な時間帯（１時間弱）を幾つか候補としていただけないでしょうか。
　よろしくお願いします。

法務部　芦原一郎

3 法的リスクをアドバイスする文書

 ### 「たとえば……つまり」で読み手に訴えかける

　事業部から法務部門へ、法的リスクのアドバイスを求められた場合の回答例です。リスクの説明に「例えば」を使い、想定リスクをできるだけ具体的に記述することにより、現場担当者に実感が湧くように伝えます。

　見本の文書では、一つ目の段落で、このままでは「図面をベンダーが自由に利用できること」が示され、二つ目の段落の二行目では、契約上で図面だけカバーして安心してしまうと、五行目では、そのためメーカーにとって命とも言える「金型」がとられてベンダーの物になってしまう、というショッキングな例を示し、読み手の問題意識を高める工夫をしています。

　さらに、文末に、実際にあったトラブル事例を入れています。実例を入れると、より法的リスクのリアルさが増すので、現場担当者に、当事者意識を持たせることができます。

【法的リスクをアドバイスする文書の例】

令和○年○日○日

事業部　甲野様

法務部　伊藤正克

試作品依頼の件

　お問い合わせ頂きました、商品開発で、ベンダーへ試作品製作を依頼する際の注意事項を申し上げます。

記

１．秘密保持契約を締結する
　まずは、秘密保持契約を結んでください。
　図面等を出す場合、秘密保持契約を結んでおかないと、その図面は「一般情報」となります。一般情報である場合、例えば、ベンダーは自由に利用することができ、他者へ開示することが可能です。

２．秘密情報を基にした、成果物の取扱いについて決めておく
　ここで、秘密保持契約を結ぶだけでは、不十分な場合があります。
　例えば、秘密保持契約を結び、図面を秘密情報として渡した場合です。この場合、秘密情報はあくまでも図面のみとなります。
　ベンダーが商品の製造ノウハウを考えた場合、そのノウハウはベンダーの物です。例えば、製作した金型はベンダーの物です。本件秘密情報を基にした、ベンダーの成果物になります。
　従って秘密保持契約時に、秘密情報を使った成果物や知的財産の取扱いを決めておかないと、後々トラブル発生のリスクがあります。
　他社の実際のトラブル例として、以下のようなものがあります。
・ベンダーが製造ノウハウを特許出願した。
・金型を人質に取られ、自社に不利な製造委託契約を結ぶこととなった。

以上

4 契約書審査を報告する文書

担当者を褒めて育てる

　契約書審査の依頼に対し、検討した結果を回答する見本の文書です。審査結果の書式が定まっている場合には、例えばその書式上の「特記事項」「備考」等の欄に記入する文言として、参考にしてください。

　見本で特に注目して欲しいのは、冒頭に①…、②…と、事業部門の対応の良かったことをあえて列挙している点です。

　契約書審査の際、問題点を指摘することに集中しがちです。このように「良かった点」をあえて記載する必要がない、と感じる方もいるかもしれません。

　しかし、「良かった点」をあえて記載することで、契約書だけではわからない交渉過程や検討過程でどれだけ適切な対応をしていたのかを証拠化できますので、リスクコントロールに有意義です。また、現場担当者の感性やモチベーションを高め、会社全体のリスク対応力を高めるためにも、褒めることが重要です。

【契約書審査を報告する文書の例】

件名：	契約書審査 007 について

甲野さん

　いつもお世話になっています。
　申請いただいた契約を検討した内容をまとめました。

　これまでの検討プロセスの中で、①システムの脆弱性に関するリスクについては、技術的な成熟性や安定性などについて、システムコンサルによる候補ベンダーへのヒアリング調査を行い、その評価を参考資料にしたこと、②当社システムとの適合性については、…
　以上のように、想定されるリスクに対する対策が十分検討されており、この契約書も、これらの対策による成果が生かされています。
　契約書の内容については、概ね問題なく、用語の問題などは修正履歴を残して訂正しましたので、先方にも確認してください。
　ただ、１点だけ貴部で対応を検討して欲しい点があります。
　それは、損害賠償責任の範囲が極めて限定的である点です。すなわち、…

　以上、よろしくお願いします。

法務部　芦原一郎

5 チャットでの報告

 ## カジュアルな回答ができる

　新型コロナウイルスなどの感染症の流行への対応や、多様な働き方の推進などのため、法務部は積極的にリモートワークを導入していく必要があります。リモートワークを導入すると、対面であれば伝わりやすいニュアンスや感情までをも文書で伝えなければなりません。

　見本の文書では、特に①の部分で、相手会社に対応してもらうために必要な文言の記載だけでなく、現場の担当者にもその背景を理解してもらうための解説を加えます。そうすることで、現場の担当者の自覚を高め、現場の交渉力を高めるためのサポートになります。

　通常の社内での連絡業務に比べ、リモート環境などではメールや社内 SNS などの文書での情報伝達やコミュニケーションの重要性がより高まります。リアルタイムにやり取りできる手軽でカジュアルなチャットツールの特性を生かしつつも、必要な事項は、正確に、もれなく、伝えるようにすることが大切です。

【チャットでの報告の例】

甲野様
　お世話になっております。
　ご存じのとおり今月からリモートワークが導入され、私も今週は月水金の三日間はリモートワークとなります。
　それに伴い、従来はミーティングでお伝えしていた契約書審査018の検討結果について、チャットでお伝えしたいと思います。

①先方の契約書ひな型ですと、契約の有効期間が1年間と規程されており、この契約書に基づいてお互いが秘密保持義務を負う期間が1年間となってしまいます（第10条［有効期間]）。
　ですが今回は、弊社が先方に対して、大切な顧客情報を開示することになるので、ここを5年間に修正していただくよう、修正履歴とコメント欄に記載しましたので、先方にご送付ください。
②また、今回の契約書は秘密保持契約書ですので印紙は不要です。

その他、ご不明な点があればご遠慮なくお尋ねください。

6 広告審査を報告する文書

どの表現が問題かを明確に伝える

　企業活動において不可欠な広報活動に関しても、法務チェックが必要な場合があります。

　広告案や広報活動のアイデアに法律上の問題があった場合、ただ単に問題のある部分を指摘するだけで済ませるのではなく、どの表現がどのような理由で問題となるのかをわかりやすく伝えることができれば、広報部（広報担当者）が広告の修正をする際に大きな手掛かりになります。

　見本では、広告案の法務チェックの結果を広報部に伝える文書を作ってみました。結論を先出しした上で、その理由の部分で三段論法（2章の2参照）を使っています。

　三段論法によってルールが示され、そのルールに適合するために必要なことや対策を考えるきっかけが与えられます。ここでの文例と異なり、より丁寧に、例えば「No.1」の裏付けをどのように取ったらいいのか、あるいは「法律上問題あり」と指摘されるとどのような問題が発生するのか、などまで説明する方法もあり得ます。

　それに比較すると、ここでの文例は、法務側からは先に対応方法を挙げず広報部の自覚ある対応をより強く期待している、と言えます。

【広告審査を報告する文書の例】

令和○年○日○日

広報部　甲野様

法務部　小嶺和子

広告審査 003 の件

　ご依頼のありました、新サービス PR のための広告用チラシ案について法務チェックを行いました。

記

【結論】
　今回の広告用チラシ案の中には「技術力 No.1」という表現がありますが、この表現には景品表示法という法律との関係で問題があり、削除する必要があります。ご対応をお願いいたします。

【理由】
1．ルール
　　今回の「技術力 No.1」のように、<u>一番であることを表示する広告</u>（いわゆる No.1 広告、No.1 表示、比較広告）を使う場合は、根拠となる調査の出典を具体的かつ明瞭に表示する必要があります。

2．今回の広告案
　　根拠となる調査結果と出典を併記するなどせずに、「技術力 No.1」という、一番であることを表示する広告を行っており、景品表示法上の問題がございます。

3．結論
　　したがってこちらの表現を削除する必要がございます。

以上

7 進捗状況を聞く文書

 4W1H で、うっかりミスを防ぐ

　文書作成に慣れてくると、わかっているだろうと思い、ついつい省略してしまいがちなのが、目的語です。しかし、実際の取引では、同じ相手との間でいくつもの種類の契約が交わされていたり、それぞれ担当者が違ったり、ということもよくあります。実際、別の会社の契約書をコピーしてドラフトした際、うっかりと会社名を間違えたり、削るべき条件をそのまま残したりしてしまい、後でそれに気づき、焦った経験をお持ちの方もいるのではないでしょうか。

　そこでうっかりミス防止のために最低限の情報として、4W1H の項目のヘッダーをメールの文頭に入れておくなどしておくと便利です。メールの冒頭で一目で確認できるので「ああ、あれね、あれは大丈夫、進んでるよ」等と、お互いに誤解したまま話が進んでしまうことを防ぐのが目的です。

　ここでは、そのようなフォーマットを作成してみましょう。

【進捗状況を聞く文書の例】

件名：	進捗確認のお願い

乙川様

Who：○○株式会社
What：△△新規輸出の件
Where：中国向け
When：なるべく早く
How：支払い条件等詳細未定

　お疲れ様です。
　上記の件で、進捗確認です。
　乙川さんが支払条件などを交渉していただいていると思いますが、その後進捗はいかがですか？
　もし決まっていたら、お知らせください。その条件でドラフトの修正をします。
　それと経理担当にもご一報ください。

　フォローしますので、なんでも相談してください。
　よろしくお願いします。

法務部　相澤沙織

8 一緒に考える仲間を募る文書

 やまびこ作戦

　会社全体で見たときに、担当者間以外にも、リスクに対する手当て
をしてもらいたいという場合があります。会社全体でリスクに手当て
をすることは重要ですから、社内のいろいろな部門や立場の人に呼び
かけてみましょう。

　呼びかける時点では「意見」を求める文面とせずに、以前困ったこ
とがあったかどうかや普段の業務の感想などハードルを下げることで、
多くの反響が得られることを狙います。やまびこのように、社内の声
が返ってくることを期待します。

　そして、この問いかけに応えてくれれば、一緒に考えてくれる仲間
になってくれる可能性が高くなります。文句が言えないようなプラン
を法務部門だけで作り上げてから、会社全体に発信し、有無を言わさ
ずに受け入れさせるのではなく、事前準備から巻き込んで仲間を増や
していく、という作戦です。

　ここでは、そのような目的のメールを作成してみましょう。

【一緒に考える仲間を募る文書の例】

件名：	アンケートのお願い

乙川さん
丙山さん
丁田さん

　お疲れ様です。
　乙川さん、先日の問い合わせ案件○○の△△の部分は会社全体にかかわる話なので、業務を担当している丙山さんと丁田さんにも知恵を貸してもらおうと思います。

　乙川さんと一緒に担当している○○の件で、お二人にアンケートです。
　当該案件の△△の部分をそのままにしておくと、災害時に当社が対応できなくなるのではないかな、と予想しています。
　丙山さんと丁田さんは、前回の災害の時に大変だったと言っていたので、どう大変だったか聞かせてください。また、その時どうだったら業務が滞りなく進められたな、と思いますか？

　もしそれ以外にも気になることがあれば、なんでもいいので教えてください。

　　　　　　　　　　　　　　　　　　　　　　法務部　相澤沙織

9 研修資料の冒頭部分

獲得目標を最初に示せ

　会社のリスクセンサー機能が働くには、法務部のように特殊な機能を有する部門だけではなく、全従業員が、それぞれの業務に関する「違和感」を感じ取って報告することが必要です。会社を人体に例えた場合、全身に張り巡らされた神経（痛い、熱いなどを感知する）の機能が会社全体に必要だからです。

　そのために、法務部が研修や資料などで情報発信をし、事業部門の担当者の意識を高めることも、有効なツールとなります。

　見本は、社内研修資料（パワポ）の冒頭部分の文例です。研修の目的や全体像が一目でわかるようにすると、参加者も研修内容をよりよく理解してくれます。

　よく見かける手法ですが、一枚目のように「獲得目標」を明示することで（3章の1参照）、研修内容の見通しを与え、二枚目のように「目次」を明示することで、研修のプロセスの見通しを与えます。

　研修や授業を受けたときに、眠くなったり、話が頭に入らなくなったりする原因の一つに、今、何のために何を話しているのかわからない場合がありますが、この手法はそれを防ぐ目的があります。

【研修資料の冒頭部分の例】

〈この研修でお持ち帰りいただきたいこと〉

 １、リスク管理は現場から

  ・　…

  ・　…

 ２、リスクを取れるようにコントロールする

  ・　…

1

〈目次〉

 １、はじめに

 ２、会社は儲けるために存在する

 ３、リスクを取るための内部統制

 ４、管理職こそ発展のカギ

 ５、おわりに

2

 １、はじめに

3

10 リスク対応の重要性を伝える研修資料

 具体的な事例を挙げ、イメージを共有する

4章の9に続いて、社内研修のパワポ資料のシートの一部の見本を示します。

この見本は特に、事業部門の自覚と責任を高めることを目的とします。

すなわち、一枚目で、社内での役割分担を確認します。ビジネスでは、法務部門だけでなく、事業部門も、リスク対応しなければならないからです。二枚目で、実際の事例を示し、リスク対応の重要性をイメージとして共有し、実感してもらいます。三枚目で、結論として、事業部門がやらなければならないこと、すなわちリスクを感じ取る（リスクセンサー機能）ことと、リスクをコントロールする（リスクコントロール機能）ことを示します。

【リスク対応の重要性を伝える研修資料の例】

〈リスクの種類〉
　１、二種類のリスク
　　①　専門家が気づくべきリスク
　　②　現場が気づくべきリスク

　２、具体例
　　①　財務リスク
　　…

1

〈現実化した事例〉
　－他社の失敗事例から学ぶ－
　１、専門家が気づくべきリスクの事例
　　…

　２、現場が気づくべきリスクの事例
　　…

2

〈リスク対策の基本〉
　１、リスクセンサー機能
　　・リスクを現実化させない。特に現場の感度が重要
　　…

　２、リスクコントロール機能
　　…

3

11 図解を用いた研修資料

 ## 図解の有用性

　一般的に法務部門は、契約書のチェック依頼や法的トラブルが発生してから相談を受けるなど、受動的、事後的な対応が多いです。そこで、法務部門から積極的に情報を発信し、様々な法的リスクの事例や対処法を提示して、現場の法務意識を向上させます。これにより、トラブルを事前に防止し、法務部門の存在感を向上させると共に、仕事の負荷を減らすことが可能です。

　見本では、特許権に関わるリスクを図解と例示で紹介し、自社に求められる指針も提示しています。

　見本全体で、他社に特許を取られてしまった場合の不都合を示しています。理屈では勝てても、ビジネスとしては損失である、ということを、「こいつがくせもの！」という、非常に目を引くフレーズや吹き出しを使って印象付けています。

　さらに、その周辺特許とコア特許の役割を図示し、他社に特許を取られるのではなく、自社で特許を取る、という流れに誘導しています。

　見本のようなイラスト入りの資料を不真面目と言われる会社があるかもしれません。「空気を読む」必要がありますが、本稿著者の会社では、このような資料はいつも「わかりやすい」と好評です。参考にしてください。

【図解を用いた研修資料の例】

特許出願しておかないと…

競合他社に特許が権利化されてしまうと
たとえ業界内では「あたりまえ」の技術であっても
（正式な手続き）を経て、特許権を無効化するまでは有効扱い

※あまりに程度がひどい場合は無効となるが
「業界ではあたりまえ」程度では、即無効とはならない

こいつがくせもの！
金がかかる！　時間がかかる！　無効化できる保証がない！

調査費用 代理人費用で ウン百万円	年単位の時間を かけての争い	審判官や 裁判官の 判断次第

ここで、重要なのが「証拠」
裁判において、特許権が有効か無効かは「証拠」で判断する。
当該技術が過去の文献や『特許公報』などに記載されていれば
よいがあたりまえ過ぎると文献が見つからないことも…

※いくら審判官や裁判官へ、「業界ではあたりまえ」と主張した
　ところで、「では証拠を出しなさい」と言われて終わり

自社にとってコアな技術は、早急に特許出願をお願いします。
あわせて周辺技術も出願し、特許による障壁を築くことで、
競合の参入を阻止できます。

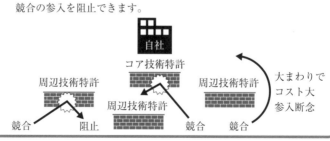

12 三段論法を用いた上司への報告文書

 ## 重要論点に絞った報告

　カルテルの疑いが問題になっている事案について、事業部と検討した経過を、法務部長に報告する文書をここでは作ってみましょう。

　法務部内での情報共有であり、わかりやすさだけでなく正確性が特に重要となりますので、法的なロジックを正しく伝えるために、三段論法（2章の2参照）をはっきりと前面に出した文書とします。

　見本のポイントは、論点全てを網羅的に議論するのではなく、①ルールについては、「『追随の意欲』があれば認定される」という論点に絞り、②事実については、10月1日のやり取りに論点を絞っている点です。

　なぜ絞るかと言うと、文書の目的は、詳細な報告ではなく、現に問題となっている点について、これからアクションをどう起こすべきかという提案なので、こうかもしれない、ああかもしれないという予測的な部分は不要だからです。

【三段論法を用いた上司への報告文書の例】

令和○年○日○日

甲野法務部長

法務部　芦原一郎

カルテル可能性の件

　営業部からのカルテル可能性の相談案件について、法務部での検討状況を報告します。

記

【結論】
　営業部に対するヒアリング調査を行うべきです。

【理由】
1．ルール
　カルテルの要件は、①共同、②相互拘束、③競争制限です。
　特に、②相互拘束に関し、明確な価格合意がなくても、他社追随の意欲があれば、認定される可能性があると判例で指摘されています。

2．事実
　営業部担当者が、同業他社と会合を行ったのが○年 10 月 1 日です。
　他方、当社の「A」の価格が、他社の「B」と同じ価格に引き上げられたのが同年 11 月 1 日です。

3．結論
　AとBが市場の二強であり、同じ価格に揃ったという事実は社会的に注目されていますので、カルテルのないことを営業部に確認する必要性が高いと考えます。ご検討、よろしくお願いします。

以上

13 自動構成パッケージを用いた 上司への報告文書

 「たしかに……しかし」でフェアな文章を作る

　右の見本は、4章の12の法務部長に対する報告文書と同じ内容（カルテル疑い）を、違う構成で文書にしました。

　4章の12の見本との前提内容の違いとして、法的な問題点の位置付けなどについて既に認識が共有されている場合には、必要な情報に絞って報告すれば十分であり、かつ、余計な情報がないことで、重要なポイントの印象が薄くなることも防げます。

　技術的には、簡単に構成ができるツールのうち、「たしかに……しかし」（2章の4参照）を使って文章を作っています。

　具体的に言うと、三段論法のうちの大前提の部分の扱いを小さくし、そのかわり、「たしかに」を活用します。「たしかに」の部分で、当社にとって有利なことも指摘し、「しかし」の部分で問題の重大性について、より適切に実感できるように配慮しています。

　このように、「たしかに……しかし」を用いることで、当社にとって有利な事情と不利な事情の両方に言及することになり、フェアな内容の文章を作るのに有効です。

【自動構成パッケージを用いた上司への報告文書の例】

件名：	カルテル可能性の件

甲野部長

お疲れさまです。
営業部からの相談案件の検討状況を報告します。

私は、営業部に対するヒアリング調査を行うべきであると考えます。

たしかに、当社営業担当者と他社担当者との会合では、価格のことに言及しておらず、その旨がわかる議事録も残されています。

しかし、「相互拘束」に関し、明確な価格合意がなくても、他社追随の意欲があれば認定される可能性があると判例でも指摘されている状況で、この会合が○年10月1日、当社の「A」の価格が、他社の「B」と同じ価格に引き上げられたのが同年11月1日であること、AとBが市場の二強であり、同じ価格に揃ったという事実は社会的に注目されていること、を考慮すれば、カルテルを疑われやすい状況にあります。

背景事実を確認するとともに、疑われそうになった場合の対応を予め検討し、共有しておくべきだと考えます。
ご検討、よろしくお願いします。

法務部　芦原一郎

14 三段論法を用いた 役員への報告文書

忙しい役員に短時間で報告する

　法務の話は、長くてわかりにくい、という印象を相手に持たれがちですが、問題点を端的に共有する場合には、三段論法（２章の２参照）を使うと非常に要領よく、ポイントを手短に伝えることができます。

　特に、法的知識を持っている法務担当役員は、大前提となるルールをある程度理解しています。

　この見本では、三段論法を使い、いわゆる「エレベータートーク」のように、忙しい役員に対し極めて短時間（せいぜい三分）で報告する内容について、文書を作っています。

　ここでは、解雇の有効性に関し、大前提に当たる訴訟上のルールだけでなく、労働審判や訴訟上の和解等で運用上裁判官が重視するポイントも、ルールとして明示しました。つまり、判決で解雇を有効と判断してもらうためには、会社の側に非のないこと（＝合理性）が必要ですが、従業員を会社に戻すことが適切ではない場合には、和解による解決を模索してもらえる可能性があります。

　事案の解決という視点から見ると、訴訟での勝敗だけでなく、和解による解決の可能性も視野に入れましょう。

【三段論法を用いた役員への報告文書の例】

令和○年○日○日

甲野様

法務部　芦原一郎

労働審判の件

労働審判の件について、その後の状況をご報告いたします。

記

【現状】
　顧問弁護士に、人事部と相談に行きます。

【検討内容】
１．ルール
　解雇の有効性は、合理性の有無で評価されるが、労働審判手続中で
の和解可能性は、信頼関係が破綻しているかどうかも重視される。

２．事実
　例の事案では、会社が強引な対応をしたため、解雇の有効性が認め
られる可能性は低いが、当該社員に対して職場で誰も近寄らず、業務
に支障をきたしているため、信頼関係が破綻していると評価される可
能生がある。

３．結論
　したがって、労働審判手続中の和解等の可能性も視野に入れた対策
を検討すべきである。
　弁護士と相談した結果は追って報告します。

以上

15 自動構成パッケージを用いた 役員への報告文書

 実務運用とトラブルの見通しを伝える

　4章の14では、大前提となるルールについて、ある程度理解している役員に対する報告だったこともあり、大前提部分を簡略にし、ポイントとなる部分に絞って報告しました。

　この見本は4章の14と同じ内容を異なる構成で報告する文例です。大前提となるルール、特に復職することが、従業員も含め誰のためにもならない状況であれば、「無理して復職させるよりも、和解による退職が模索される」という実務状況について役員に理解してもらうことが、報告文書のポイントになります。

　そのために、ここでは、「たしかに……しかし」と「たとえば……つまり」（2章の4参照）を使って文章を作っています。

　つまり、「たしかに」の段落で、法的なルール（大前提）を示し、簡単に解決できる状況でないことを予め確認します。

　次に、「しかし」以下の二つの段落で、勝ち負けではない選択肢の説明をします。

　その中でも、「例えば」以下で、離婚訴訟の場合を例に状況を整理し、「つまり」以下で、和解による解決可能性を検討するという結論を示します。

【自動構成パッケージを用いた役員への報告文書の例】

件名：	労働審判の件

甲野さん

　お疲れさまです。
　先日の報告の続きです。

　まず、顧問弁護士のところへ、人事部と相談に行きたいと思います。
　たしかに、この事案で解雇の有効性を争って当社が勝つことは難しそうです。
　しかし例えば、離婚訴訟でも、実質的に関係が破綻している場合に無理して復縁させても誰のためにもならないのであれば、和解による解決が模索されます。解雇の場合も、職場に復帰することが本人も含め、誰のためにもならないことを十分証明できれば、和解による解決が模索される可能性があります。
　つまり、勝ち負けだけでなく、和解の可能性も含めた対応策を検討すべきです。そうすると裁判例を調べるだけでは、当社のケースの実際の可能性や感覚がわかりません。
　そこで、労務訴訟に強い顧問弁護士に相談しようということになりました。
　弁護士と相談した結果は追って報告します。

法務部　芦原一郎

16 三段論法による判例紹介

 ## 三段論法で判決内容を正確にまとめる

　社会のルールは、常に動いています。その一つが、裁判例です。裁判例では、新たなルールが示されたり、少しずつ変わったり、あるいは様々な事実に対する裁判所の評価や重み付けが変化したりします。

　法務部内で判例の情報を共有することは、法務部の機能を高めるために有効です。

　ここでは、三段論法（2章の2参照）をしっかりと守って、法的ロジックの正確さを重視します。また、技術的には、「たしかに……しかし」（2章の4参照）も使っています。

　また、法務部員同士なので、ルール（大前提）の記載も、簡潔にポイントだけに絞りました。この裁判例は、あてはめの部分に特徴があるからです。

　そこで、あてはめの部分での特徴を際立たせるために、一般的な感覚を「たしかに」の段落で指摘し、強調したいポイントを、「ところが（しかし）」で指摘します。

　そして、結論として「実務上のポイント」を示しています。

【三段論法による判例紹介の例】

令和○年○日○日

各位

法務部　芦原一郎

判例紹介

【A研究所ほか事件】
横浜地川崎支判平成 30 年 11 月 22 日（労働判例 1208 号 60 頁）

　この事案は、職場での従業員同士の喧嘩に関し、会社の使用者責任が、……

１．判断枠組み（ルール）
　「事業の執行につき」の要件（民法 715 条）に関し、①事業の執行を契機とし、②密接な関連を有する場合である、という判断枠組み（ルール）が示されました。……

２．あてはめ
　たしかに外形上は、緊急コール装置のプラグがコンセントから外れていたことが口論のきっかけですので、①事業の執行を契機としており、②それを正そうというやり取りが原因ですので、事業との密接関連性が存在するようにも見えます。
　ところが、裁判所は……

３．実務上のポイント
　「事業の執行につき」の該当性を認めた他の裁判例に比較すると、この裁判例との違いは相対的な違いにすぎませんが、形式と実態の両方から検討している、と整理してみれば、今後の判断の一助になるのではないでしょうか。……

以上

17 複数の論点提示による判例紹介

論点ごとに議論を整理する

　4章の16に引き続き、判例の情報を共有する文書の見本です。

　この見本では、対象の判例に論点が複数あることから、論点ごとにポイントを明らかにする、という構成を採用しています。三段論法とは違う方法も使いこなせるようにしましょう。

　見本では、この判決の二つの論点を分けて、それぞれポイントを検討しています。

　それぞれのポイントについて、三段論法で議論を整理する方法も考えられますが、ここでは、同じ法務部内での情報共有であり、法的な構造から理解してもらうべき必要性も小さく、端的にポイントとなる点を指摘する方法を採用しました。

【複数の論点提示による判例紹介の例】

令和○年○日○日

各位

法務部　芦原一郎

判例紹介

【平尾事件】
最判平成31年4月25日（労働判例1208号5頁）

　この事案は、組合と会社Yの間の労働協約によって、3回も賃金請求権をカットし、さらに組合を通して債権放棄の合意をした従業員Xが……

1．債権放棄の合意
　裁判所はまず、債権放棄の合意は認められないとしました。
　これは、組合と会社の合意が、代理になっていない、という判断です……

2．支払猶予
　まず、一部について支払猶予自体を無効とした点です。
　これは、上記1と異なり……
　次に、支払猶予自体は有効だが、弁済期が到来した、という点です。
　これは、弁済期が明示されていなかった……

3．実務上のポイント
　労働協約の有効性の論点もあり、倒産の危機にある会社の参考になる場合は限定的かもしれず……

以上

18 欠勤と引継ぎを報告する文書

急な欠勤と案件の引継ぎ

　民間企業も新型コロナウイルスなどの感染症への対応が迫られる中で、法務部員が急に体調不良になった場合においても、スムーズに欠勤またはリモートワークへの移行ができる体制が必要となります。

　急遽、出社が困難になった場合に、抱えている案件やタスクについてどのように対応するのか取り急ぎ上司と相談しなければなりません。

　欠勤の連絡は、電話ですることとされている会社があるかもしれませんが、電話は相手の時間を拘束することになるなどの理由で、メールやチャットを利用する会社も増えてきました。

　見本は、社内チャットツールを用いて、予定になかった病欠のときやリモートワークを急遽行わなければならなくなったときに、必要な連絡をするための文書です。

【欠勤と引継ぎを報告する文書の例】

甲野部長
　お疲れ様です。
　昨晩から発熱や咳などの症状が出ており、今朝になっても回復しない状況にあります。他の方々への感染リスクなども考え、急ですが本日（〇月△日）はお休みをいただいて病院に行こうと思います。
　つきましては私が抱えている案件や予定について、取り急ぎ、優先度・緊急性が高いものから、どのように対応するか相談させていただきたく存じます。

① 　乙川さん（営業部）との打合せ（11 時～）
　ひとまず延期させて欲しい旨を乙川さんにお伝えください。この打合せの議題は急を要するものではないので、病院の診察を受けてからその結果も踏まえて、どのように対処するか乙川さんと相談しようと思います。

② 　顧問弁護士　丁先生との電話会議（14 時～）
　来月からスタート予定のプロジェクトに関するもので、時間的余裕があまりないため、大変恐縮ですが甲野部長にお願いできないでしょうか。概要については先週の定例ミーテイングでお伝えしたとおりです。

③ 　B社との契約書審査について
　こちらは OJT も兼ねて後輩の丙山君と一緒に進めており、彼も案件について把握してくれています。先方の契約書ひな型は定型的なもので検討事項も特段難しいものはないので、よい機会ですし彼に任せてみてもよい案件ではないでしょうか。ご判断よろしくお願いします。

19 仕事を引き継いだ際の文書

引継ぎの挨拶と情報共有の呼びかけ

　産休や育休、その他の事情で一時的に仕事を離脱するメンバーから仕事を引き継ぐときは、引継ぎの挨拶と、社内の別の部署の担当者と認識をすり合わせるために情報共有を呼びかけることが重要です。引継書にはなかった最新の情報があるかもしれません。

　見本では、そのような情報共有が目的のメールを作成しています。

　ポイントは、「乙川さん」とのコミュニケーションを図り、具体的な話を聞かせてもらえるような働きかけです。

　そのために、まずは自分が認識している状況を見せる（第二段落・第三段落）ことで、「乙川さん」に安心してもらうとともに、もし、足りない部分や誤解のありそうな部分を「乙川さん」が感じれば、文書の送り主である「相澤」に連絡しよう、という意識を持ってもらうことにつなげます。

　このように、一方的に連絡を求めることではなく、まずはこちらから自分の理解や認識を示すことで、話しやすい状況を作り出すのです。

【仕事を引き継いだ際の文書の例】

件名：　　芦原さんの引継ぎの件

乙川様

　芦原さんが来週から育休に入るので、○○の件を引き継ぐことになりました。しっかりと担当していきたいと思います。

案件１：○○の件
　（状況）芦原さんがレビュー後、乙川さんの側で動いていただいているという引継ぎを受けています。
　（注意事項）ただ、××の部分と、△△の部分は、状況によって内容が変わる可能性が高いと聞いています。

案件２：△△の件
　（状況）乙川さんを窓口として、相手方からの返答待ちと引継ぎを受けています。
　（注意事項）相手方からの返事が来たら、お知らせください。

　芦原さんと引継ぎの話をしたのは○月○日です。この日以降に上記の案件で、新しいトピックがあれば、お知らせください。
　もしそれ以外にも気になることがあれば、なんでもいいので教えてください。

　　　　　　　　　　　　　　　　　　　　　　法務部　相澤沙織

20 有給休暇申請をした
部下への回答

 部下の背中を見る

　部下からの有給休暇申請に対し、それを承認するだけでなく、その機会に一声かけて、「背中を見ている」ということも伝える文書を作ります。

　部下や後輩を育てるためには、実際に仕事を任せ、過度に干渉しないが、適切にフォローする、という距離感が重要です。そのために、上司が部下の「背中を見ている」関係を、部下に実感させるコミュニケーションが重要です。部下にとって重すぎないが安心でき、頑張ろうという意欲につながる声がけを目指します。

　見本では、この声がけによって、さらに「例のプロジェクト」について、部下の「甲野さん」が話しやすい雰囲気ができ、より詳細な話を聞く機会が得られるかもしれません。

　「もっと詳細に報告しろ」「こっちでフォローする」という姿勢ではなく「任せているから口出ししないが、何かあればフォローするから言ってほしい」という見守る姿勢を見せることで、情報提供を促すとともに、部下の自覚も育てます。

【有給休暇申請をした部下への回答の例】

件名：	有給休暇申請の件

甲野さん

　来週末に有給休暇を取ることについて、了解しました。しっかりと充電してください。

　例のプロジェクトも、きちんとフォローしている様子で、玉もビジネス側にあるようだから、お休みの間に私が代わってフォローしなければならない状況は、なさそうですね。もし気になることがあれば、休暇前に教えてください。

法務部　芦原一郎

21 自己紹介文

仕事が上手くいく自己紹介・挨拶

　入社や異動で、新しい職場に行ったときの自己紹介は、とても大事なのは誰もが知るところです。仕事における自己紹介は、自分の仕事スキルや、自分のできることと苦手なこと、大雑把な経歴、誰もが話しやすい雑談ネタなどを入れると上手くいくことが多いです。

　ここでは、そのような自己紹介を作成してみましょう。

　見本のポイントは、法務部門で同じチームメートになる人たちへの自己紹介であることから、仕事スキルとして、法的な素養に関する情報を開示している点です。法的な素養として、強みと弱みを理解してもらい、チームとして相互に補完し、高め合う関係づくりを目指します。

　さらに、同じチームメートとしてのコミュニケーションが重要になりますから、人間性を理解してもらう手掛かりも提供します。見本では、コミュニケーションの手掛かりとなるようにチョコのことを書いています。

【自己紹介文の例】

今日から法務部に配属になりました、相澤沙織です。

以前は知財部にいて、特許出願や特許のライセンス契約を主に担当していました。

特許訴訟はいくつか担当しましたが、主に別の担当者がやっていて、経験が多くはありません。

特許のライセンス以外の契約法務や商事法務はほとんど経験がありませんので、皆さんに質問することが多いと思います。

大学のころは法学部だったので、なんとなく法律を見聞きしております。民法が改正され変わってしまいましたから、再度勉強したいと思っています。読みやすい本があったら、教えてください。

仕事のおともにいつもチョコを用意しています。会社の近くのコンビニで、今日はナッツの入ったチョコを買ってきました。皆さんにも仕事のおともがあったら教えてください。私のチョコと交換しながら、いろいろなことをお話ししたいです。

これからよろしくお願いします。

法務部　相澤沙織

22 図解を用いた研修報告

 イメージ化（図解）

　右の見本は業務関連の研修会や展示会に参加後、担当者から上層部へ出張報告をするための文書です。上層部は日々業務に追われ多忙ですから、内容が簡潔であり、かつ、思わず目を引かなければ、提出しても、デスクの「未決」箱に埋もれてしまう可能性があります。せっかく良い報告内容であっても、読んでもらえなければ意味がありません。

　報告内容のうち、特に自分が伝えたい部分を絞っていきます。ある程度絞り込んだら、その内容をイメージ化し、簡単に図解しましょう。ワードで描けるポンチ絵程度で十分です。補足説明の文章は最小限に留めます。さらに、ほんの少しの遊び心を加えられれば、なお良いです。これで、報告内容が簡潔でわかりやすくなり、さらに、上層部の記憶に残る文章が出来上がります。

　見本のようなイラスト入りの資料は4章の11の最後に触れたように、社風にあわせて参考にしてください。

【図解を用いた研修報告の例】

令和○年○月○日

甲野法務部長

法務部　伊藤正克

研修報告書

　　○○株式会社　「現場の法務勉強会」について、ご報告します。

1．**日時**：○○年○○月○○日
2．**訪問先**：○○株式会社　本社　法務部会議室
3．**内容**：法務部長Ａ氏より、若手法務部員が身に付けるべきスキルについてご講演頂きました。以下に要点をまとめます。

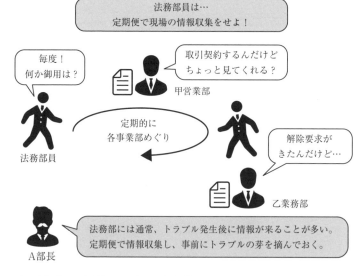

　　…以下省略…※同様にトピックを掲載します

4．**所感**
　　Ａ部長の講演内容は、現場の成功・失敗の経験に基づいたもので、説得力があった。我が社でもぜひ取り入れていきたい。

23 マンガを用いた研修報告

イメージ化（マンガ）

最近、「マンガでわかる、○○経営」といった類いのビジネス書籍を書店で目にします。内容の良否はさておき、「マンガ」は興味を引き、読みやすいのは確かです。

一方、社内で目にする文書類は、文字ばかりで味気なくありませんか？　これは読みたい！と思いますか？　ほとんどの方には、社内文書とは文字だけのお堅いモノという固定観念があると思います。つまらないと思いつつ、こういうものだと仕上げてしまう。それを誰も疑問に思わない。当然、その文章は、「つまらない」「読みやすくない」から、「伝わらない」ものになってしまう。この悪循環です。

では、どうすればよいでしょう。ここでは、「どんな社内文書なら、思わず読みたくなるだろうか？」を考えて見ましょう。

答えは簡単。自分が読みたい文書（マンガ）を作ればよいのです。「マンガ」といってもワードで描けるレベルで十分です。凝る必要はありません。

このようなマンガ入りの資料は4章の11の最後に触れたように、社風にあわせて参考にしてください。

【マンガを用いた研修報告の例】

研修報告書

内部通報窓口の設置研修に参加しました。
参加者は、そうそうたるメンバー。

甲社
法務部長

乙社
コンプライ
アンス室長

丙社
内部統制
担当取締役

架空の通報事例を用いて、実践的なグループ演習。

B営業課長からパワハラを受けた
（通報者：営業Aさん）

　Aさんへのヒアリング内容は？
　…
　B課長へのヒアリング内容は？
　…

講師の弁護士の先生がB課長役となり、ヒアリング練習。

内部通報窓口は、単に設置するだけでは上手く機能しないことを
実感しました。
特に、「誰に」「何を」「どのように」ヒアリングするかという点、
そして、ヒアリングを行うタイミングも重要です。
これらを法務部内で検討したいと思います。

伊藤

24 会議議事録

 議事録フォームを作っておこう

　会議には議事録作成がつきものですが、いざ議事録作成を頼まれると、「何を書いたらいいのか？」「どうまとめたらいいのか？」と迷うことはないでしょうか？

　毎回迷わないためには、最初から、議事録作成を想定して議事録フォームを作っておきましょう。予め準備しておくことで、議事録記載事項の抜け・漏れ・忘れを防ぐことができます。慣れてくると、会議のその場で議事録を完成させ、即配布することが可能になります。

　見本では、まずヘッダーに、会議の概要をまとめ、その後に議事録本体を添付しています。なお、見本はあくまで参考用です。会議によって、求められる議事録内容は違ってきます。各会社や各部署オリジナルの議事録フォームを工夫して作ってください。

【会議議事録の例】

管理番号：法務 R1234
作成者　：伊藤正克

pp　　／

議事録	
項　　　目	**内　　　容**
会議名	第 10 回営業戦略会議
会議概要	毎期の期初、期中、期末における、営業部門主催の営業戦略会議。技術部門、品質部門、法務部門、経営陣も参加する。
When　いつ	2020 年 2 月 3 日 10：00 ～ 12：00
Where　どこで	本社　第一会議室
Who　　だれが	営業部門 A 部長、B 課長、C 東京営業担当、D 大阪営業担当
だれに	技術部門 X 部長、品質部門 Y 課長、法務部門 Z 部長、経営陣　甲社長、乙取締役、丙執行役員
How　（何を）どのように	パワポのプレゼンを中心に
What　（何を）どうした	・先期営業活動報告 ・来期営業戦略説明
Why　　理由／原因／目的	定例会議。先期の営業活動を統括し、来期の活動方針を決定するための議論の場を設ける。
結論概要	先期：○○は販売好調。 　　　△△は横ばい。原因分析し、来期へ反映。 　　　□□は撤退（販売は 4 月迄）。 来期：○○は継続、△△は条件付きで継続。○○を海外展開→大手商社へ接触し、基本取引契約作成まで持っていく。要法務部門サポート。 各論点詳細については別途、各担当者よりメールしますので、お待ちください。
承認者サイン欄 　　　　　　　　印	甲社長 A 部長　X 部長　Y 課長　Z 部長

メモ

25 役員会の真意を明確にする議事録

作成者が発言内容を補足する

　役員会の議事録は、逐語版よりも要約版のほうが適しています。それは、役員会での議論には、同じ会社の役員として共有している様々な前提や、会社の常識、財務データなどが豊富にあり、実際の会話だけを見ると、何を話しているのかわからないだけでなく、さらに誤解を与える危険があるからです。

　したがって、議事録を作成する際には、参加者の暗黙の了解となっている部分をあえて言葉にして明確化したり、誤解を招きかねない表現を、その真意に沿った表現に改めたりする必要があります。

　例えば、右の見本では、議題1の「審議」欄の記述は、「質問」との記述であっても、実際の役員会のやり取りでは、「財務、聞いたか？」という発言しかなかったかもしれません。しかし、それを整えて表現しています。同様に、「報告」との記述も、実際は、「○○氏から、二つ三つ細かい質問があっただけですね」と伝えられただけかもしれませんが、真意に沿った表現になるよう、言葉を補足します。

　このように、役員会の議事録の役割（プロセスのチェックなど）から逆算して、記載内容や方法が決定されるのです。

　なお、この見本は商業登記に用いられることを想定していない「役員会」のものです。商業登記に用いられる「取締役会」の場合には、司法書士などに議事録の様式を確認してください。

【役員会の真意を明確にする議事録の例】

役員会議事録（2020 年 5 月 20 日午前 8 時開催）

議題 1（A プロジェクト）
　　決議：承認
　　審議：
　　提案者甲野役員より、添付資料に基づき、議案内容が説明された。
　　財務上懸念されるリスクについての検討状況について質問があった。これに対し、財務部が検証し、適切と評価がされていることが報告され、適切に対応したことを確認した。

議題 2（年度末決算取りまとめ状況の報告）
　　決議：なし
　　審議：
　　…

26

事業部門との打合せでの
論点を整理する議事録

 ## 電話での打合せの議事録

　電話での打合せの議事録は、要約版でも構いません。今後のアクションがわかることと、こちらが発信するまでの速度が大事です。なぜなら、相談内容を確認するためのやり取りなどは、必ずしも記録として重要でない部分が多く、他方、電話で簡単に確認できる問題の場合には、検討を先に進める手軽さやスピードが重要だからです。

　したがって、例えば今後の役割分担や、法的な問題点のポイントなど、後でお互いが誤解してしまいやすい点に絞って、話し合った内容を確認し、認識を共有する文書を作ります。

　見本では、「○○はダメで、××ならオッケー」という点について、誤解がないように単刀直入に確認しています。既に電話で話し合っているので、コミュニケーションや相手に対する配慮も、わざわざ字数を割いて触れる必要はないです。

　その代わり、「2．理由」の②については、より良い表現（例えば、相手の会社に配慮したような表現）をまだ検討中であるというざっくばらんな部分も共有しています。

【事業部門との打合せでの論点を整理する議事録の例】

件名：	20200801 通話内容の確認

海外事業部　乙川様

お疲れ様です。
先ほどは○○の件、お電話ありがとうございました。

下記のとおり、電話内容の備忘録を送ります。

1．基本方針
　今回のお申し出は、お断りしてください。

2．理由
　理由は二つです。
　①当社システムでは○○形式に対応していないこと
　②○○形式は……（お客様に受け入れていただきやすい案内を考え中）

3．代替案
　当社は ×× という形式は対応可能です。

4．役割分担
　乙川さんは、お客様に ×× 形式を提案してください。
　お客様が承諾されたら、ご連絡ください。
　私が契約書のドラフトを書き換えて提出いたします。

引き続きフォローします。
なんでも相談してください。
よろしくお願いいたします。

　　　　　　　　　　　　　　　　　　法務部　相澤沙織

27 資料集の目録

資料集の目録に付加機能を付ける

　厚さ6cm以上のキャビネットファイルへ様々な資料を挟み込み、識別のために肩見出しを付ける。そして、表紙に資料の目録を付ける。ここまでは皆さんもやられていると思います。

　ここでさらに一工夫。目録へ簡単な補足説明を加えるだけで、単なる「○○資料目録」が、使い勝手のよい「○○資料超まとめ！」に変身します。資料集の作成側も閲覧側にも、資料作成の経緯やその後の流れが、目録を見るだけで確認できます。ちょっとした確認であれば、目録を見るだけで済むので、ファイルの中身をひっくり返したり、担当者へ問合せをしたりする手間が省けます。

　例えば、右の見本では、明朝体表記の部分に簡単な経緯を記載していますので、後に乙社と揉めそうになった場合や、他社と同様の協議を行う場合などに、メールのやり取りや他のファイルをひっくり返さなくても、大まかなレベルでは事が足りますし、細かいことも、ここの簡単な経緯の記載を手掛かりにすると、容易に検索できるようになり便利です。

【資料集の目録の例】

当社と○○社との販売契約に関する資料集
目録

注記：当社は「甲社」と、○○社は、「乙社」と表記する。
　　　ゴシック体表記部分は、本ファイルの見出しである。

前置き資料
　○甲社の市場調査資料。
　○甲社内営業会議議事録。
　○甲社と乙社との、担当者レベルでの販売協力に関する議事録。
　甲社の市場調査に基づき、製品Xを拡販することを営業で決定。
　関東は甲社で販売するが、関西は販売網をもつ乙社に依頼するほうがよいことから、担当者レベルで打合せを実施。乙社は好意的だった。

契約書案文
　○甲社作成販売契約書（営業部案）。
　○甲社作成販売契約書（法務部修正案）。
　○甲社と乙社との、部長レベルでの販売協力に関する議事録。
　案文は甲社営業部が作成し、法務部へチェックを依頼（この時点より法務部関与）。
　法務部より、主にロイヤリティに関する条項を追加および修正。
　法務部修正案を持参し、乙社と責任者（部長）レベルで交渉。
　小さい修正を得て、合意に至る。修正点は議事録参照。

本契約書
　○ 20××年×月×日付　販売契約書。
　　署名者：甲社　営業部長　××、乙社　関西支店長　××
　○乙社　関西支店長の委任状。

以上

お　わ　り　に

　この書籍が形になったのは、二つのつながりのおかげです。

　一つ目は、学陽書房です。

　編集担当者が、とても熱心にアイディアを出し、折れそうな私を励ましてくれました。読み手はこんなノウハウが知りたいのではないか、という提案や、この原稿から芦原さんの伝えたいイメージが伝わってきます、という励ましが、執筆の大事な原動力です。

　二つ目は、「現場の法務ゼミ」です。

　これは、SNS上のつながりが中心となった勉強会で、「オフ会」のようなものです。私の『法務の技法（第2版）』（中央経済社、2019年）をテキストに、いろいろな会社の法務担当者が集まって、仕事の仕方や会社での泳ぎ方を議論します。勉強後の食事会も、気楽な経験交換の場となっています。

　本書の4章を執筆しているときに、ふと思いついて「現場の法務ゼミ」のメンバーに、執筆を呼びかけました。一人だけでは、どうしても発想が偏ってしまい、そこに何となく壁を感じていたのですが、面白がって提案してもらった「ひな型」は、「なるほど、あるある」というものや、「いやあ、これは面白いね」というものなど、壁を壊してくれるものばかりでした。

　このように、「現場の法務ゼミ」の面々の強力な新風の後押しを得て、一挙に原稿を仕上げることができたのです。

　書式やひな型というと、「画一的でつまらない文書を作ることにつながってしまう」「本当の文章力があれば書式やひな型は不要だし、有害だ」という感想を持つ人もいるでしょう。

　けれども、4章の文例を見てください。

メールや文書という「型」にはまりながら、しかし個性がしっかりと表れています。書式やひな型による制約があるからこそ、逆に個性を発揮できるのです。

　これは、スポーツや芸事も同じです。「型」があり、その「型」をなぞらえることが、自分の「基礎」となります。最初は、「型」にコントロールされていますが、「型」を自分のものにすれば、その「型」を自分がコントロールするようになります。最初に「型」があるからこそ、自分の思いや個性をこめることができるようになるのです。

　ですから、人の「型」を真似するところから始めてください。真似しているうちに、自分らしさも自然と出てきます。あるいは、こんな程度でいいんだ、と気分が楽になります。

　本書が、前著『仕事がスムーズに進む 法務の社内調整術！』（学陽書房、2020 年）とともに、皆様が仕事に取り組むときの心のハードルを少しでも下げるものになれば、幸いです。

　2020 年 8 月

　　　　　　　　　　　　　　　　　　　　　弁護士　芦原一郎

執筆者一覧

【編著者】

芦原　一郎（あしはら　いちろう）

〈学歴と資格〉

早稲田大学法学部（1991 年）とボストン大学ロースクール（2003 年）を卒業。日本（1995 年、47 期）と米国ニューヨーク州（2006 年）で弁護士登録、証券アナリスト登録（CMA Ⓡ、2013 年）。

〈職歴〉

森綜合法律事務所（現：森・濱田松本法律事務所）、アフラック統括法律顧問代行、Seven Rich 法律事務所ジェネラルカウンセル等を経て、現在は弁護士法人キャストグローバルにてパートナーを務める。

組織内弁護士としての豊富な経験を活かし、講演・執筆の実績多数。

東京弁護士会で民暴委員会（1995 年〜）や労働法委員会（2006 年〜、副委員長：2016 年〜）などに所属、日本組織内弁護士協会で理事（2012 年〜）、大宮法科大学院（ロースクール）で非常勤講師（2009 年〜2010 年）なども歴任。

〈主な論文〉

● 「社内弁護士による労働問題への関わり」（東京弁護士会編「弁護士専門研修講座　労働法の知識と実務」／ぎょうせい、2010 年）

● 「第三分野の保険」（落合誠一・山下典孝編著「新しい保険法の理論と実務」／経済法令研究会、2008 年）

〈主な著書〉

● 『仕事がスムーズに進む　法務の社内調整術！』（学陽書房、2020 年）

● 『実務家のための労働判例読本』（経営書院、2020 年）

● 『法務の技法（第 2 版）』（中央経済社、2019 年）

● 『経営の技法』（共著、中央経済社、2019 年）

● 『法務の技法〈OJT 編〉』（編著、中央経済社、2017 年）

● 『国際法務の技法』（共著、中央経済社、2016 年）

● 『M&A における労働法務 DD のポイント』（共著、東京弁護士会労働法委員会編／商事法務、2017）

● 『ビジネスマンのための法務力』（朝日新書／朝日新聞出版、2009 年）

● 『社内弁護士という選択』（商事法務、2008 年）

担当：1 章〜3 章、4 章 1、2、4、9、10、12〜17、20、25

【著者】

相澤　沙織（あいざわ　さおり）
2014 年桐蔭横浜大学法科大学院修了、税理士事務所等の勤務を経て、2018
年より現職。売り上げの 80％を海外取引により実現する国内はんだメーカーの法務担当として、海外法令調査、契約書審査、知的財産、コンプライアンス等の社内法務相談をはじめ、社内セミナー、人事労務、CSR 実施および CSR 監査対応、各種助成金申請など幅広く対応。
担当：4 章 7、8、19、21、26

伊東　正克（いとう　まさかつ）
2006 年〜三菱化工機株式会社に勤務。
現在は、知的財産管理業務および新規事業関連業務を担当。
担当：4 章 3、11、22〜24、27

小嶺　和子（こみね　かずこ）
大阪大学大学院高等司法研究科修了。
リーガルテック株式会社法務部に勤務（現職）。
契約書審査、法制度調査、機関法務、社内規程整備など法務業務全般の他、リーガルソリューションの企画開発等にも携わる。
担当：4 章 5、6、18

説得力が劇的に上がる
法務の文書・資料作成術！

2020 年 10 月 8 日　初版発行

編著者　芦原一郎
発行者　佐久間重嘉
発行所　学陽書房

〒 102-0072　東京都千代田区飯田橋 1-9-3
営業部／電話　03-3261-1111　FAX　03-5211-3300
編集部／電話　03-3261-1112　FAX　03-5211-3301
http://www.gakuyo.co.jp/
振替　00170-4-84240

ブックデザイン／北路社
DTP 制作・印刷／精文堂印刷
製本／東京美術紙工

法務のための
「社内・社外調整術」のバイブル！

組織内弁護士として経験豊富な著者がさまざまな相手とのコミュニケーションのコツを解説！

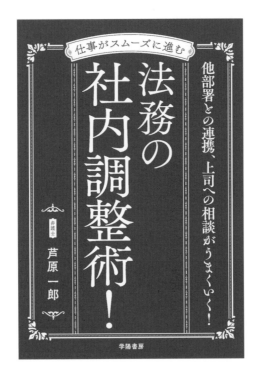

仕事がスムーズに進む

他部署との連携、上司への相談がうまくいく！

法務の社内調整術！

弁護士 芦原一郎

学陽書房

仕事がスムーズに進む
法務の社内調整術！

芦原一郎 ［著］
四六判並製／定価＝本体2,100円＋税